De la geopolítica clásica a la geopolítica moderna

El pensamiento de Mohammad Farhad Koleini

Marcelo Ramírez

De la geopolítica clásica a la geopolítica moderna

El pensamiento de Mohammad Farhad Koleini

De la geopolítica clásica a la geopolítica moderna:
El pensamiento de Mohammad Farhad Koleini
Marcelo Ramírez

Diseño de tapa: Roberto Agüero
Diseño de interior: Ludovica Massa
Corrección: María Fernanda Saldaña

Editor responsable: Marcelo Ramírez

AsiaTV
Olivieri 374 PB "B" — Ciudad Autónoma de Buenos Aires
asiatvproduccion@gmail.com

ISBN 978-987-86-3794-5

Printed in Argentina
Impreso en Argentina, marzo de 2020

Hecho el depósito que marca la ley 11.723

Ramírez, Jorge Marcelo
   De la geopolítica clásica a la geopolítica moderna : el pensamiento
de Mohammad Farhad Koleini / Jorge Marcelo Ramírez. - 1a ed .
Ciudad Autónoma de Buenos Aires : Jorge Marcelo Ramírez, 2020.
   112 p. ; 21 x 15 cm.

   ISBN 978-987-86-3794-5

   1. Geopolítica. I. Título.
   CDD 327.101

Fecha de catalogación: 03/2020

El autor

Marcelo Ramírez, analista geopolítico y periodista internacional con más de una década de experiencia en la televisión. Su interés por la política internacional comenzó a una edad temprana y se vio reflejado desde su adolescencia. A lo largo de los últimos doce años, Ramírez ha trabajado intentando despertar el interés por la política internacional en ámbitos diversos como la Comisión de Relaciones Internacionales del Instituto Patria, y al OGEOC (Observatorio Geopolitico de los Conflictos), entre otras organizaciones, redactando documentos como "China y el Mundo Multipolar", "El rediseño de Medio Oriente", "¿Boicot a un acuerdo entre Rusia, Irán y Turquía sobre Siria?", "El Gran Kurdistán", entre otros.

Participante en medios regionales e internacionales como Sputnik, HispanTV y Telesur, su interés en ampliar los horizontes geopolíticos lo ha llevado a entrevistar personajes de la talla de Serguei Riabkov, Valentina Matvienko, Metropolita Ignacio, Aleksandr Dugin, Nicolai Mijailov o Andrei Fursov, resumiendo su pensamiento en el libro "Cómo Putin puso de pie a Rusia, Historia, Tradición, Pensamiento y Orgullo para unir una Nación".

Con el interés en divulgar la geopolítica y acercarla a los sectores populares y a los lugares de decisión estatal, ha sido expositor en numerosas actividades como "Encuentros Sur-Sur - La Patria Grande y el Nuevo Escenario Internacional", "Rusia, el resurgir de un Pueblo", "Rusia y Argentina, a los 100 años de la Revolución", dictando seminarios sobre geopolítica como "Globalismo, aislacionismo y Eurasianismo", en los Encuentros Geopolíticos universitarios que realiza el Centro de Investigaciones en Política y Economía (CIEPE) sobre asuntos militares, impulsó y participó en acontecimientos históricos en el Congreso de la Nación como el 1er Encuentro de los BRICS en Argentina, el Primer Encuentro con la ASEAN en la HDC, los encuentros Sur-Sur - "La Patria Grande y el Nuevo Escenario Mundial", la mesas redondas con la ex vicepresidenta de Vietnam Troung My Hoa, y diferentes encuentros con personajes extranjeros y de distintas comunidades asiáticas en la Legislatura Porteña y en diferentes universidades que le permitieron recibir la distinción de ser nombrado Embajador de la Comunidad Coreana en la Argentina.

Agradecimientos

Al Embajador iraní en la Argentina durante el período 2016-2020, Sr. Mohammad Farhad Koleini por su paciencia al conceder larguísimas horas de conversaciones que permiten entender lo que subyace a la realidad del mundo.

No puedo dejar de mencionar y agradecer a Pablo Vilas por su empeño en que plasmara mis ideas en un libro.

A Mario Morant, director del IPLAC – Instituto Pedagógico Latinoamericano y Caribeño, a FLATEC – Federación Latinoamericana de Trabajadores de la Educación y Cultura, por apoyar trabajos como este en pro de una mejor comprensión del mundo, a SADOP y todo su personal por acompañarnos siempre en las actividades realizadas con excelente predisposición.

A Azul Selene Ramírez y Sebastián Pimás, por la ayuda en la confección de esta obra.

Índice

*A mi familia, que son la fuente que me
proporciona la razón de seguir adelante*

Introducción

El representante de Irán en la Argentina durante el período 2016-2020 es un diplomático de amplísima experiencia en la realidad que marcan las relaciones internacionales y que ha profundizado en las cuestiones más complejas de las mismas.

La profundidad de su pensamiento contiene rasgos muy particulares y extraños a nuestra manera de ver y analizar el mundo. Su cultura persa le da características importantes que debemos comprender para poder ver que no existe una única realidad con diferentes matices como creemos conocer en Occidente y a través suyo vemos que hay otras regiones que son muy diferentes en su concepción de la vida.

Trasladar su pensamiento es todo un desafío, la barrera idiomática aparece en toda su potencia. Intentar traducir pensamientos persas al español no resulta una tarea simple, los conceptos muchas veces son distintos desde su raíz y es necesario interpretarlos pacientemente y aún así nunca podemos tener una comprensión absoluta del significado de sus palabras porque simplemente su historia es otra y sus vivencias son lejanas.

Pese a estos obstáculos el resultado final ha sido aceptable a mi juicio como una primera aproximación hacia las perspectivas que plantea la nueva geopolítica a través de un pensamiento no occidentalizado que nos lleva a comparar y entender la complejidad de la cuestión geopolítica, dado que es mucho más profunda que un simple análisis de noticias o interpretaciones parciales de la realidad.

El correcto análisis geopolítico tiene cuestas empinadas a las que hay que acceder para tener luego una visión más abarcativa de la realidad. Entonces, traer el pensamiento de Koleini a nuestro mundo es un intento importante porque es poco común que podamos tener una literatura en español sin intermediación de autores extranjeros.

La intención es no tener ni filtros ni prejuicios escapando a una traducción de un trabajo de un autor de otra cultura, generalmente anglosajona, y acceder a informaciones directamente.

Esta primera entrega será breve para las pretensiones y complejidad del tema en cuestión, que demanda futuros trabajos, pero aún así será seguramente un aporte importante al pensamiento argentino y latinoamericano en un primer paso para avanzar en un camino de independencia intelectual.

Tener entonces distintas opciones, distintas fuentes, distintos aportes, son variables claves para el desarrollo de una geopolítica argentina con sólidas bases de comprensión de los juegos de poderes mundiales.

CAPÍTULO I

La geopolítica clásica y moderna

La geopolítica que hoy vemos y que se estudia en centros especializados, en los famosos *think tanks* de acceso público, se fundamenta en una visión de los acontecimientos fuertemente territorial donde la base geográfica ha sido considerada por los autores clásicos en la materia como decisiva para el desarrollo de aspectos económicos y militares.

La evolución natural de los acontecimientos mundiales ha ido agregando actores, procesos y contingencias que hacen que esta visión haya quedado desfasada de la realidad. En el pasado podíamos estimar que la interacción de la política y la geografía, el territorio físico, constituían la base de la geopolítica.

Aquello que era indiscutible durante los siglos XIX y XX ha variado. Los tiempos donde nace la geopolítica tradicional se basaban en una realidad temporal que ha sido superada, y hoy resulta insuficiente para explicar la realidad en profundidad a raíz de los cambios tecnológicos que hemos vivido, y aún continuamos viviendo.

Los orígenes de la geopolítica histórica, más allá del límite temporal señalado precedentemente, están ligados a lo militar indudablemente; la sistematización de datos para poder evaluar situaciones y a partir de allí dictar cursos de acción que puedan influir en la realidad, habían encontrado en ella un marco adecuado.

Con los años el proceso fue mutando desde lo militar hacia lo político y con el transcurso del tiempo tomaron mayor protagonismo los temas relativos a los intereses económicos, influyendo entonces sobre la geopolítica tradicional y dándole una forma propia.

Esos orígenes geopolíticos se transformaron en el desarrollo de una geopolítica particular de los actores, sean los antiguos imperios de Asia Oriental, Medio Oriente, Asia Oriental, Sudeste Asiático, África o Europa.

Un error habitual es hablar de un modelo geopolítico universal, cuando en verdad las características varían en función de cada situación específica, según las necesidades y especificidades de cada actor y la época en que se considera. No hay entonces una geopolítica universal, hay diferentes geopolíticas.

Los ciclos históricos son claves para determinar esa evolución, una evolución teórica de los conceptos relativos que se vieron influidos severamente por otros aspectos que mutaron de la mano de las tecnologías, como ya mencionamos y de intereses propios que se desarrollaron con los modelos de conquista.

Los avances de la ciencia en materia militar y en los adelantos en la navegación marcaron a fuego nuevos aspectos en la geopolítica de las naciones. Por ello no podemos considerar la geopolítica como algo estanco sino como algo evolutivo en una forma permanente, constante, y que adquiere características variables a lo largo de la historia.

El concepto de *imperio* es un tema en el cual es aconsejable detenernos algunos instantes. La visión de *imperio* que se tienen en Occidente es diferente a la visión que se tiene en otras áreas del planeta y es necesario aclararla porque cuando hablamos de un imperio con un persa, un chino o un ruso, no hablamos del Imperio británico únicamente, hay distintos modelos imperiales a tener en cuenta y no son ni buenos ni malos en sí mismos, dependiendo de los gobernantes su carácter.

La visión del *imperio* entonces no es peyorativa ni significa una sistema de opresión de una metrópoli o un centro sobre una periferia o colonia; la visión no occidental entiende simplemente el imperio como un sistema abarcativo y contenedor, un espacio integrador de diferentes pueblos o culturas, y eso no le da una característica naturalmente negativa.

No es, entonces, ni bueno ni malo en sí mismo, sino una forma de estructura y organización que puede ser positiva o negativa dependiendo del uso que se le de y esto difiere sobre el concepto clásico occidental que en base a sus experiencias históricas, establece el imperio como algo intrínsecamente malo.

La forma en que se entiende la geopolítica tradicional incluye entonces aspectos más prudentes o imprudentes, pacíficos o agresivos, pero siempre dentro de una idea integradora inteligente.

En tiempos lejanos la idea de un sistema de gobernanza global no era imaginable, no existían modelos integradores a nivel global y podíamos apreciar más bien un modelo multilateral de reinos o imperios más o menos extendidos.

Es necesario entonces entender correctamente el proceso evolutivo sobre el que se desenvolvió la idea de la geopolítica tradicional, primero para poder comprender y posteriormente para sopesar las diferencias que existen entre el concepto de la geopolítica moderna, el cual aún no se ha terminado de definir y la geopolítica tradicional, que aún no tiene una idea predominante.

No es esto en consecuencia un concepto claramente determinado, en general existen algunos temas en común como los cambios de los instrumentos de poder, la tecnología y el método de gobernanza, que sumados a los deseos de desarrollo y conquistas, entre otros parámetros, son los necesarios para determinar la capacidad geopolítica de los actores.

Estas cuestiones han ido aumentando sus influencias dando paso a nuevos escenarios que podemos comenzar a identificar como características propias de la aparición de una geopolítica moderna.

En la geopolítica moderna la ciencia y la tecnología militar no son los únicos hechos que tienen peso sobre los asuntos estratégicos, también incide la Inteligencia para satisfacer la necesidad de obtener resultados previsibles que sean la base para una geopolítica de mayor control de los acontecimientos.

En estos temas, la geopolítica tradicional y la geopolítica moderna lucen diferentes. El devenir de la historia, según sus necesidades y desafíos, ha influido en la cuestión de la geopolítica y han ido variando el modelo de acuerdo con la época.

Durante muchos siglos los modelos de análisis han obedecido a los lineamientos de un sistema aristotélico basado en ir desde pequeñas razones hasta llegar a razones mayores; en la geopolítica se ha utilizado este razonamiento para establecer una metodología de pensamiento sistematizada. La teoría matemática también ha sido muy importante en los sistemas de planificación geopolítica, ganando terreno a partir de los últimos dos siglos.

El sistema matemático como el aristotélico y el de Thales con sus particularidades, han servido para establecer una relación entre matemáticas y política. Los chinos, con Sun Tzu, también han trabajado en el desarrollo de un modelo propio.

Los juegos, desde el ajedrez hasta el dominó, pasando por el *backgammon*, influyeron fuertemente en las concepciones sobre cómo se pueden establecer intereses sistemáticos en la geopolítica. Por eso los estrategas, según su capacidad en el desarrollo de la matemática, los intereses y la propia formación geopolítica, se combinaron para generar sistemas dialécticos que les permiten alcanzar sus objetivos.

El pensamiento abstracto que brinda la matemática es utilizado para el desarrollo de modelos que explican la realidad y es muy importante en las grandes civilizaciones. No es extraño entonces que rusos, chinos o indios tengan grandes matemáticos a lo largo de su historia y hayan desarrollado juegos estratégicos que luego en algunos casos se han difundido por el mundo. Lejos de ser meramente una forma de entretenimiento, revelan una concepción estratégica en el pensamiento.

Hoy la geopolítica mundial cuenta con nuevos instrumentos como los sistemas de conocimiento digital, donde podemos observar cómo se utilizan en los temas referidos a las guerras cibernéticas, las guerras psicológicas o cómo se pueden combinar para ganar una influencia virtual que posibilite distorsionar los objetivos de los oponentes y desviarlos en el sistema geopolítico según la conveniencia del actor.

En la actualidad se observan dos tipos de conocimiento. Uno es a través de la faseología (*faseology* en inglés), que es el conocimiento faseológico que puede advertirse en los asuntos electrónicos, en los análisis de estimaciones del cambio climático y ahora comienza a llegar a los conocimientos de geopolítica, permitiendo adelantarse una jugada en la geopolítica gracias a esta capacidad de análisis.

El otro sistema que se está empezando a avizorar es el advenimiento de sistemas basados en tecnologías cuánticas.

La ventaja de los sistemas cuánticos es que ya no obedecen al sistema binario de ceros y unos en que se basa la tecnología digital actual, sino que permiten infinitas variantes entre cero y uno, elevando exponencialmente la capacidad de cálculo. Esta capacidad nos permitirá anticipar la evolución de las variables de la economía, la capacidad moral de un pueblo, desarrollar formas de control y gobierno, establecer una relación inteligente con sus vecinos y en definitiva una capacidad exponencial en el diseño de una geopolítica más eficiente.

Como resultado de estos cambios metodológicos estamos entrando en una nueva etapa gracias a la evolución de la inteligencia artificial basada en tecnología cuántica.

Un fenómeno específico ya no debe responder a una situación puntual, sino que puede obedecer a varios motivos que nos permiten trabajar con múltiples variables; no necesariamente el sistema se transforma en una relación directa de causa y consecuencia, sino que agrega multiplicidad de cuestiones a analizar que intervienen en la geopolítica, ayudando a una prospectiva mejor.

El concepto filosófico occidental tiene sus orígenes en Grecia, un hecho que está comúnmente aceptado y no despierta mayores sorpresas; sin embargo, la afirmación de que los griegos recibieron las bases conceptuales de su filosofía de los persas es una aproximación poco conocida. Aristóteles, con sus conceptos del "poder mágico", abreva en los conceptos persas.

Los griegos analizaron en su momento la situación que existía con el Imperio persa y han visto que sus capacidades mentales eran iguales, eran potencialmente iguales. Entendieron que estaban siendo derrotados debido a que el poder psicológico de los persas estaba más desarrollado que el suyo y se dieron cuenta de que para vencer en la guerra necesitaban fortalecerse en ese aspecto. Con el correcto empleo de una filosofía que acrecentaba su poder de imaginación, y el poder psicológico podían conseguir rebalancear la guerra y triunfar, las Guerra Medas fueron el resultado donde con una fuerza menor consiguieron derrotar al Imperio medo/persa mucho más poderoso.

La filosofía persa fue la base de la filosofía griega que luego inundaría Europa hasta el último rincón. La filosofía en la ciencia, en la política y la filosofía pura, todas están en una relación íntima con estos conceptos y se reflejan en el desarrollo de la comprensión de la matemática absoluta que ha influido en forma determinante en los temas propios de la cibernética, alcanzando elevados conocimientos sobre aspectos tan complejos como son los sistemas de misiles, el desarrollo de la energía nuclear o la tecnología espacial.

La filosofía es la madre de la matemática absoluta y ahora por la necesidad, por el desarrollo de la propia mentalidad del hombre, está llegando a una matemática nueva que necesita una nueva filosofía, llega por cálculo matemático y permite que se desarrolle hologramas dotados de inteligencia artificial que acompañan en viajes, como también el desarrollo de sistemas cuánticos que a partir de sus capacidades de análisis de múltiples variantes basados en su inmenso poder de cálculo, consiguen resultados asombrosos que podrán evolucionar el mundo en el que vivimos. Por eso es que hoy estamos viendo una reciente relación entre la filosofía y la física que deriva en nuevos desarrollos de alta complejidad como son los equipos láser, los sistemas cuánticos de comunicación ya en marcha, el desarrollo de la robótica a través de la inteligencia artificial y la aparición de nuevas de formas de combate.

En todo esto estamos presenciando un mundo cada más tecnologizado como consecuencia directa de la influencia de la filosofía y su continuación hacia el establecimiento de una manipulación hegemónica de instrumentos nuevos que cambian el modelo del juego y de cómo hacer la guerra.

En la geopolítica moderna existen varios interrogantes para responder, que son planteados con estos nuevos modelos y que comienzan a encontrar respuestas de diferentes maneras, como son las guerras prolongadas por la supremacía, pero también en la dominación establecida a través de guerras pequeñas y rápidas, como así también la encontramos en la aparición de las guerras híbridas que preceden o acompañan el enfrentamiento militar directo con las armas.

CAPÍTULO II

La evolución de los modelos

Las variantes mencionadas han tenido un proceso de evolución que influye en la metamorfosis de la geopolítica tradicional hacía la geopolítica moderna, generando como consecuencia un nuevo escenario mundial.

En el siglo pasado, la importancia del juego de disputas de orden geopolítico estaba centrado sobre los elementos tradicionales como son la tierra y en el mar, pero ahora ese juego se ha extendido a otras áreas como la cibernética y el espacio, entre otros. La importancia de la geografía entendida como espacio territorial ha disminuído porque ahora la dominación que da una estructura geopolítica es diferente.

Tradicionalmente desde el siglo XVIII se instaló gradualmente un concepto que dividía la realidad en un sistema bipolar diferente al concepto de multipolar previo que había existido hasta entonces y que en la Guerra Fría llegó a su punto máximo.

Sin embargo, resulta evidente que hoy se hace imposible mantener en pie el esquema de categorización binario, porque ya no responde a la realidad actual. ¿Qué define un modelo de izquierda o derecha? Los límites se han ido difuminando y nada determina si un concepto es totalmente de izquierda o de derecha y empezamos a ver con claridad el establecimiento de un modelo híbrido.

Fuente: Wikipedia

Podemos citar algunos ejemplos a fin de clarificar este asunto. El concepto chino de modelo no es totalmente de izquierda, es conceptualmente un sistema de neocapitalismo, que los chinos denominan "socialismo con características chinas", pero que indudablemente incorpora mecanismos propios del capitalismo como la propiedad privada o el arancelamiento de servicios, algo que combina con otras acciones de corte socialista como el partido único y la regulación del mercado por el Estado en forma absoluta en cuestiones estratégicas y parcial en el resto.

No podemos decir entonces que existe un sistema de neoliberalismo chino, existe un sistema neocapitalista chino que está mezclando conceptos, creando un sistema económico de forma propia y que en el futuro puede derivar en una geopolítica china en el mundo. China ha podido desarrollar ese sistema mixto, ecléctico, pero aún no ha podido desarrollar e instalar un modelo geopolítico propio.

La pregunta más importante que debemos hacernos es cuál es la clase de geopolítica implementada, que puede estar centrada en la dominación, en la integración o simplemente en establecer un sistema de coordinación para un modelo donde todas las partes puedan ganar (*win-win*). Lo que hemos conocido como un modelo hegemónico post Guerra Fría y un modelo multilateral como empieza a verse con la aparición de nuevos actores que se disputan el control, son diferentes posibilidades que se presentan.

En la historia ha abundado el concepto de dominación tanto en la antigüedad como en las superpotencias modernas, tanto en Asia como en Europa. El concepto de geopolítica era parte de una dominación, del arte de llegar, dominar y continuar, pero después de los sucesos de la Primera y la Segunda Guerra Mundial esta idea se puso en duda por su viabilidad.

Los cambios tecnológicos que dotaron de una letalidad y capacidad destructiva impensada a los armamentos estratégicos, produjeron un cambio conceptual en la geopolítica, separando el concepto histórico de dominación y poder y se pasó a dividir el poder en zonas de influencia.

Existe una forma de ejemplificar esto de acuerdo a las características de cada pueblo para entender las diferencias entre poder y dominación, reflejándose en la simbología.

Los franceses, por ejemplo, dicen que su geopolítica llega hasta donde alcanza su artillería, los árabes hasta donde se puede escuchar el sonido de la espada. Los persas no tienen esa idea de frontera fija y su definición más aproximada es definirla como una línea roja o una línea de sangre cuyo límite está dado por el alcance de su forma de pensar, de su influencia cultural.

Cuando lo que prima es el concepto de sangre, es hasta dónde alcanza su etnia o raza. Los rusos, por ejemplo, dicen que su frontera la marcan sus mujeres porque ellas tienen la capacidad de crear vida. Estados Unidos (EEUU) tiene un concepto distinto y que simboliza su concepción ideológica cuando marca sus límites a través de consider como zona de influencia propia el punto máximo hasta donde llegan sus productos en los hogares comunes.

Por ello la geopolítica resultante de estas consideraciones puede ser muy variada y dependerá de cada país, estando relacionada directamente con la forma de pensar y sentir de cada nación.

CAPÍTULO III

Concepto de poder

Un hecho muchas veces descuidado y que debe ser considerado en la determinación de la geopolítica es el *poder*, cuál es su naturaleza y a qué obedece, para lo cual determinar los comportamientos de los actores mundiales es algo elemental que permite trazar una explicación y prever el comportamiento futuro.

El concepto de *poder* es un asunto que tiene que ver mucho con conceptos de tipo metafísico, su respuesta excede a la física misma, cualquier fenómeno que pueda influir y tener efectos reales se puede considerar que tiene *poder*, es decir, que tiene influencia y efecto.

La Influencia se traduce en el hecho de que por la fuerza se puede entrar en un sistema y cambiar lo que se pretende cambiar. En términos religiosos profundos, en la fe, el poder no está en manos del hombre, sino que apenas es utilizado por el mismo. El hombre no puede crear poder, pero puede acumularlo, siendo que el único con capacidad de crear poder es Dios, esto siempre hablando de un concepto de poder sano, no el poder del mal.

El pensamiento occidental pasa por alto y desprecia algo que es la base sobre la cual se edifican las estructuras de pensamiento y ejecución de políticas en Medio Oriente, donde sin entender el significado de la fe es imposible comprender a los actores, su lógica es diferente a la que conocemos en Occidente y no puede ser reducida a concepto de fanatismo religioso.

El concepto de la "fama", el poder que da la "fama", la credibilidad, el ser importante, ser influyentes por su intelecto, crear escuelas de pensamiento. Todo se encolumna detrás de esta idea de *poder*.

El poder de la riqueza, por ejemplo, en la geopolítica tradicional se remite al petróleo, al que no por nada se lo consideraba como en tiempos no muy lejanos, el oro negro, un término que simbolizaba su importancia en lo que se refiere a la riqueza que generaba el petróleo.

Hoy, en el nuevo siglo, y en el punto en que estamos llegando con la geopolítica moderna, el valor del poder de la riqueza del oro negro ya no es tan importante como en el pasado. Ha cambiado en su naturaleza.

El poder era la influencia del oro negro, era algo que sucedía muy rápido, muy efectivo y muy determinante, era una fuerza de cambio rápido en Bolsas mundiales y condicionaba el mundo.

Ahora, si bien todavía es poderoso el petróleo, ya no lo es como antes. Por eso en estos momentos vemos que los conflictos que se realizan son zonas petroleras, como es el caso de Venezuela, Irán o Irak, pero la importancia y la repercusión en las Bolsas ya no es significativa, a pesar de que la prensa y los analistas siguen anunciando una escalada importante del precio del crudo, esto no ha sucedido y demuestra que la situación ha cambiado.

El rol de las energías renovables, del consumo de gas, la aparición de nuevas tecnologías que optimizan el rendimiento, todas estas variantes ahora están creciendo aceleradamente, haciendo que la economía mundial no tenga la dependencia del petróleo en el siglo XIX para el aporte energético, la dependencia directa entre la fabricación y la producción de petróleo ya no es tal y se ha roto definitivamente.

Los fenómenos influyentes del poder en cada época, en cada circunstancia, tanto en lo económico como en lo militar, es diferente.

Se necesita comprender que hoy el poder de decisión es tener la capacidad de opciones múltiples, aunque posiblemente en la geopolítica moderna el poder de decisión llega a un punto en que puede tener la opción al mismo tiempo que capacidad de respuesta y de reconstrucción de su objetivo para optimizar los recursos.

El poder puede emplearse para cambiar la manera en que se ejerce la capacidad de decisión en el concepto de geopolítica moderna, porque ahora el manejo, la planificación, los instrumentos, el poder *online*, el juego entre las clases de poder, todo ha cambiado.

Un aspecto poco abordado en la geopolítica es el rol de las sociedades secretas como factor de poder que aún sigue existiendo. Estas sociedades en realidad son clubes de poder que siguen presentes y utilizan al mismo tiempo la capacidad de decisión y destrucción en función de la capacidad ideológica.

Cuando estamos hablando de los tipos diferentes de logias, vemos que esa cuestión ideológica tiene una presencia importante. El rol de las mujeres en la toma de decisiones es diferente al tradicional en la actualidad, hoy son miembros plenos a partir de un proceso que varió en las últimas tres décadas y que cada vez se está desarrollando más dentro de la masonería. Una de las razones por las cuales el feminismo aparece en distintas áreas en forma simultánea con mucho apoyo detrás es la ideológica.

El concepto y el rol de esta clase de poder representado por las sociedades secretas en la geopolítica tradicional es otra muestra del cambio profundo que se produce con respecto a la geopolítica moderna.

En la geopolítica tradicional clásica, hemos visto que siempre se operaba en función del beneficio que traía para el centro del poder y en ese marco el papel de esos grupos era establecer, controlar y conservar el poder de las colonias, como pudimos ver que sucedió en Medio Oriente, donde las logias estuvieron a favor de los gobiernos y de los mandatarios de la región.

Sin embargo en ese mismo lapso temporal observamos que el rol de estas logias en otras partes partes del mundo fue distinto. En América Latina las logias no estuvieron a favor de los gobiernos coloniales y se pusieron de parte de los sectores independentistas.

Entonces resulta importante diferenciar que dependiendo de los beneficios y el tipo de disputa en la competencia entre los grandes jugadores en la geopolítica, el rol de estas clases de poderes secretos operan de distinta manera dependiendo de las misiones que se les encomiendan y que varían según las necesidades de los núcleos de poder. En la geopolítica moderna ya estas maniobras son más difíciles de ocultar como sucedía en el pasado, y se muestran más visibles para quienes las quieran ver.

Los cambios se reflejan, entonces, en que su influencia y su rol han disminuido, pero aún siguen siendo factores de poder a considerar. Si bien en la geopolítica actual su papel es menor, todavía están vigentes y son, como hemos dicho, dependientes de los núcleos de poder mundial, herramientas al servicio de éstos.

CAPÍTULO IV

Nuevas formas de análisis

La evolución que se traduce en cambios de las reglas de la geopolítica del modelo tradicional, relativiza sus verdades sobre la interpretación de la geopolítica mundial. Hoy estamos sumergidos en un modelo más global que trae consecuencias impensadas a la interpretación de la geopolítica tradicional.

Un replanteo de los métodos tradicionales lleva a que debamos analizar las ventajas y desventajas de la utilización de esos métodos y de los otros nuevos enfocados al análisis.

Los análisis realizados por seres humanos exclusivamente no pueden competir con la inteligencia artificial sobre geopolítica, hoy no pueden depender solamente de la lógica actual del hombre, necesitan subsistemas de la inteligencia artificial como los sistemas de *machine learning*, los sistemas de redes neuronales, o los cálculos de la *big data*, que se centran en la información como base de datos. La inteligencia artificial en geopolítica necesita gigantescos volúmenes de información para poder generar las relaciones necesarias para que su trabajo de prospección sea acertado.

El concepto en *inteligencia artificial* tiene una dependencia estrecha y permanente en relación con la información porque su base es la información. Ahora sí es posible que en esas bases en las que se va a trabajar se usen mecanismos para desviar o manipular la información, bajando la calidad de la misma o trabajando sobre la propia generación de información. De esta manera, este punto hace que la inteligencia artificial no sea un instrumento absolutamente confiable para el análisis geopolítico porque presenta vulnerabilidades.

En un contexto de guerra, el ataque psicológico pueden interferir y cambiar las imágenes y prioridades de una sociedad a través del uso de la inteligencia artificial y de esa manera influir sobre su destino.

Si esas sociedades son débiles, el resultado será que van perder la guerra, sólo aquellas fuertes y bien constituidas tendrán la fortaleza necesaria para resistir. Deberán tener mayor preparación, gobiernos más propensos a entender los sucesos y actuar en consecuencia, afianzando su identidad y capacidad de comprensión de la geopolítica moderna si quieren sobrevivir.

Actualmente, la capacidad de predecir y estimar, teniendo diferentes conceptos opcionales, se encuentra en una situación diferente a la del siglo pasado. Anteriormente las variantes y parámetros estaban definidos y claros, ahora presenciamos fenómenos que son variantes mutacionales, un tipo de variantes que influyen en los factores actuantes para cambiarlos o forzarlos.

Hoy existe un tipo de variantes que se pueden lanzar sobre una situación y al mismo tiempo estar por fuera de esa situación, no son como los lanzadores que van a mantener sus cualidades en el proceso y por eso no podemos utilizar estos lanzadores en un sistema analítico moderno.

Estas son variables que se lanzan para influir y luego regresar, sin permanecer. En el juego moderno se utilizan estos parámetros para controlar el camino de los fenómenos en el sistema de análisis.

Los sistemas de análisis actuales no son estadísticos, estamos entrando en un sistema post-estadístico, que necesita transformarse en un sistema dinámico evaluado no dependiente del tiempo, porque los sistemas dinámicos nuevos no obedecen totalmente a la línea de tiempo. La importancia radica en los algoritmos utilizados que se apoyan en otros algoritmos multiplicando el poder de análisis de variables.

Es interesante notar que el término algoritmo proviene de la expresión latina *algobarismus*, que es una abreviatura del árabe clásico *hisābu lgubār*, que significa aproximadamente 'cálculo mediante cifras arábigas'.

Ese término nace de un matemático persa del siglo VII llamado Abu Abdallah Muhammad ibn Mūsā al-Jwārizmī. Su nombre, al-Jwārizmī, es el inspirador del término moderno.

Por ello la filosofía moderna va a cambiar muchos de sus conceptos clásicos. El hombre no puede seguir con un pensamiento antiguo y necesita generar un pensamiento nuevo.

Muchos hoy están intentando corregir esa metodología de pensamiento, reevaluando pensamientos o readecuándolos, pero eso es algo diferente a lo que se necesita, son esfuerzos que dentro de poco van a chocar con una nueva realidad y van a tener que ser dejados de lado.

Si hoy tomamos un teléfono fijo que está en una casa desde hace años, veremos que no tiene una función muy útil, es apenas una decoración, los teléfonos que no son del tipo *smartphone* con pantallas sensibles al tacto, son obsoletos. Un gramófono que está en un rincón es una antigüedad nostálgica que puede tener hermosos recuerdos, pero no cumple eficientemente el fin para el que fue diseñado, lo mismo sucede en la geopolítica.

El sistema financiero mundial está en pleno cambio, por ejemplo, EEUU, analiza las criptomonedas digitales, los cambios en el sistema de sistema de comercio con la aparición de nuevos actores como Amazon, Tencent o Alí Babá. Dentro de poco, el propio rol del sistema Swift de compensaciones interbancarias va a perder su lugar.

El Swift hoy no puede seguir siendo un centro para intercambio, aunque todavía lo esté haciendo, porque EEUU lo utiliza al igual que al sistema del GAFI (Grupo de Acción Financiera Internacional) para el control del lavado del dinero, en beneficio propio. Los cambios en marcha que llevan a cabo distintos países pronto harán que sea algo obsoleto.

El bloqueo a Irán se acelera porque está siendo usado como un test de laboratorio para probar la efectividad y vigencia de estos sistemas, la incógnita es ver si Irán puede superar la prueba de laboratorio que está en marcha, si logra sobrevivir a la presión máxima a la que está siendo sometido. Irán no responde las agresiones porque está observando qué va a suceder con los equivalentes al Swift de Rusia, de China o de Europa.

El concepto chino resultado de su metodología es diferente si lo comparamos con el concepto británico, con el concepto ruso, el estadounidense o el de la la Unión Europea. Para avanzar sobre este tema debemos considerar no solo las diferencias entre las naciones sino también en la estructura de la geopolítica moderna que está en un modelo de transición y que nos encuentra en una etapa de poderes múltiples geopolíticos en disputa.

Es muy importante poder estimar cómo se traduce el poder geopolítico actual en un multilateralismo nuevo, que debemos ver como modelos de análisis actuales descartando las hipótesis antiguas. Recién entonces podremos aventurarnos en algunos aspectos de la nueva geopolítica. Por ejemplo, los chinos están en medio de un proceso de transición, no es como muchos analistas creen que ocultan sus intenciones, están en medio de un proceso que procura hipótesis nuevas.

Muchos políticos y expertos piensan que los chinos esconden sus reales intenciones geopolíticas debajo de la garganta del Dragón, pero no es así, los chinos están en un sistema de transición de sus conceptos sin un producto final por ahora.

Los rusos presentan diferencias con su geopolítica moderna y tampoco han establecido un nuevo modelo definitivo, están en una fase de pruebas hasta poder encontrar una estabilidad estratégica, están poniendo sus esfuerzos en conseguir ese equilibrio.

Lo mismo sucede con los europeos que buscan desarrollar sus propias hipótesis estableciendo cuál debe ser el grado de acercamiento con los modelos chinos y rusos, lo mismo sucede con la proximidad óptima con EEUU. Todos poderes de primera clase aún están ajustando sus modelos ante la nueva realidad.

Por ello es necesario antes de conseguir ese equilibrio multilateral entre los grandes jugadores, poder mantener bajo control las posibles salidas negativas a las disputas por los beneficios estratégicos derivados de sus respectivas geopolíticas.

Hasta no definirse los modelos que cada jugador pretende utilizar es muy difícil establecer cuál es el modelo resultante de la geopolítica moderna. Cualquier especulación sobre el modelo final depende de estos modelos en fase de desarrollo.

Debemos entender que el juego en geopolítica moderna obedece a un modelo aún no definido. Si es que contestamos a eso podemos predecir algo, sin entender esta fase estratégica, el modelo que todavía no ha resultado ganador, no se puede responder a los interrogantes sobre el modelo a seguir.

Podemos apreciar hoy acciones de corte geopolítico en marcha para influir y obtener ventajas. En el caso de China debemos observar la situación en el Mar de China o Mar Oriental, en Taiwán, Hong Kong y en Tíbet, donde veremos acciones concretas que está tomando China en función de sus sus intereses. Aún nos resta saber la definición de cómo serán los conflictos generados en la disputa de esas áreas, el juego aún está en desarrollo.

Muchas veces se utilizan tanteos, globos de ensayo, para medir las reacciones, la capacidad y la voluntad política de actuar para

33

definir estrategias de acuerdo a la respuesta china, lo mismo que sucede con Rusia en la cuestión de Ucrania. La situación de la caída del acuerdo de misiles establecido por el Tratado de Fuerzas Nucleares de Alcance Intermedio (INF, por sus siglas en inglés) entre Rusia y EEUU o el desplazamiento del Muro de Berlín hasta las propias fronteras rusas.

Por ello es difícil tener un respuesta exacta, concreta y predecir qué sucederá con el modelo que emergerá. Es posible hacer estimaciones gruesas sobre determinados sucesos con una razonable probabilidad de éxito predictivo, pero para tener mayor precisión es necesario tener más datos que aún faltan porque la situación no ha madurado del todo.

Luego de la caída soviética el mundo bipolar se transformó en un modelo hegemónico global con una fuerte impronta del capital financiero internacional especulativo, una preeminencia tal que el propio modelo se presentó como definitivo al punto de hacerse conocida la hipótesis de Francis Fukuyama sobre el Fin de la Historia.

Sin embargo, las cosas resultaron un poco más complejas de lo esperado con la aparición china y el resurgimiento de Rusia, pero aún estaba pendiente un eslabón más de una cadena de sucesos imprevistos al menos por la comunidad occidental dedicada al análisis de los fenómenos geopolíticos y eso fue la aparición de Donald Trump como actor de proyección mundial al acceder a la presidencia de los EEUU.

Con Trump se hace evidente que el mundo postsoviético se terminó, la hegemonía de EEUU se diluyó y el globalismo financiero encuentra nuevos problemas inesperados que atender en su lugar de origen, que es el mundo anglosajón.

Lejos de los análisis simplistas hasta el absurdo que lo ponen como un loco suelto, una misógino y un homofóbico, Trump es un personaje complejo no por su persona sino porque expresa la aparición de un bloque de poder en la disputa interna de EEUU.

Cuando estamos hablando de Trump, no hablamos de una persona, estamos hablando de una coalición de poderes alineados con los sectores de clase media y pobres que han sufrido tres décadas de concentración de riquezas en manos de pequeñas minorías que desmantelaron la vida privilegiada en términos económicos que se experimentaba ese país.

La iglesia evangélica de EEUU, los deseos de Tel Aviv, los lobbies de los blancos anglosajones y parte del capital de comercial de EEUU son los sostenes de la fuerza política que hay detrás de la figura de Donald Trump, que tal vez como ejemplo para entender cómo Trump es algo que corre por fuera de los estándares habituales de la política interna de EEUU, podemos recordar que proviene del Partido Demócrata, pero que ha sido nominado por el Partido Conservador aún a pesar de que muchos conservadores republicanos no se sienten a gusto con él.

Este alineamiento de fuerzas internas no alcanza para decir que Trump ha creado una escuela nueva de EEUU en la geopolítica, o al menos aún no lo ha hecho.

Muchas de las acciones de Trump parecen encuadradas en disputas contra los demócratas y no han resultado muy beneficiosas para los EEUU. Es prácticamente fruto de una venganza lenta en contra de Obama y lo que representa.

Por el momento se trata apenas de un choque interno de EEUU, no es una Escuela de geopolítica de EEUU para el mundo.

La política de EEUU de salir de acuerdos como el del Club de París, el acuerdo nuclear con Irán, el acuerdo con el NAFTA, le está trayendo descrédito y pocos beneficios directos, que bien puede ser también una estrategia para impulsar un cambio de orden, un orden nuevo basado en un unilateralismo más integrado hacia EEUU.

35

Si miramos con el concepto de geopolítica moderna algunos asuntos de EEUU, aún tiene instrumentos que lo califican como una potencia de primer orden mundial como es el desarrollo espacial, el marítimo, la *big data* y la circulación del poder económico, eso todavía existe.

Pero hay dudas sobre la capacidad de gestión de sus objetivos, hay preguntas sin responder por lo que aún no se puede decir que el poder de EEUU para crear una geopolítica moderna sea una realidad.

Ahora tiene cada vez tiene mayor importancia el rol de la geopolítica y situaciones como el control del espacio, los sistema de comunicaciones o el intercambio, estamos ante cambios profundos que impactan en la forma de vida. La disputa del espacio se traduce en la importancia de tener puntos de frecuencia en órbita y en el poder de lanzar satélites.

Solamente 11 países tienen la capacidad de poner satélites en órbita de diseño propio por sus capacidades internas técnicas. Por ejemplo, India en el 2019 lanzó un cohete con 104 satélites que fueron puestos en su órbita en una sola misión, un hecho que demuestra el alto desarrollo matemático.

CAPÍTULO V

El capital financiero

Uno de los factores más importantes a considerar actualmente es el capital financiero que se ha constituído por sí mismo en una fuerza geopolítica considerable. El papel del poder de las finanzas no es algo nuevo en la historia, podemos ver su influencia desde hace varios siglos, que se acentuó especialmente a partir de la Revolución Francesa.

La influencia en la geopolítica entonces viene desde tiempos lejanos, pero lo que resulta especialmente interesante es la mutación que está experimentando el mundo de las finanzas cuando comienzan a aparecer distintos tipos de moneda que rompen con el monopolio de la tenencia y producción del dinero de la Banca.

Hay un proceso que hemos naturalizado en nuestras sociedades y es el que dice que el dinero es creado por la Banca. En la mayoría de los casos la fabricación del dinero está en manos de los Estados, pero en otros muy importantes, está en manos privadas.

Los EEUU, por ejemplo, tienen a la Reserva Federal como el responsable de la creación del dinero en manos privadas y la acumulación del mismo en el sistema bancario permite adicionalmente un proceso de creación de dinero fraccionario a partir de los asientos bancarios contables que generan créditos que deberán retornar con intereses. Hay estimaciones que explican que el 95% del total de dinero circulante en la economía es dinero proveniente de proceso y solo el 5% es el dinero impreso por la Banca Central, el resto responde a dinero creado por la Banca a través del mecanismo de crédito.

Este proceso de creación de dinero ficticio, que escapa al concepto meramente fiduciario, no es realizado en función de un incremento de la producción sino que es independiente de la misma, se ha incrementado exponencialmente generando un desbalance de poder político en beneficio del sector financiero de la economía por sobre el productivo y otros.

Durante el siglo pasado la cuestión financiera reemplazó paulatinamente a la fuerza militar, el factor de dominio colonial, o neocolonial, y se basó ya no en la fuerza de las armas sino en la capacidad financiera, donde las inversiones y sobre todo la deuda externa, sirvieron de mecanismo de sujeción a las economías menos desarrolladas, potenciando un proceso de concentración de riquezas en cada vez menos manos, permitiendo la manipulación y control de las naciones.

Hoy comienzan a aparecer distintas alternativas impensadas a este proceso financiero y que ponen en riesgo su supremacía absoluta, como es el papel de las criptomonedas que escapan al control del sistema de bancos.

El capital financiero ha creado 53 productos financieros nuevos solamente durante el año 2019, lo que demuestra el profundo cambio que empieza a aparecer con fuerza creciente y puede jaquear el control de la Banca sobre el dinero, quitándole el monopolio del mismo y con ello la base de su poder.

El *bitcoin* es la criptomoneda que más prensa a tenido, *ethereum* es una de las promesas, pero las propuestas de criptomonedas se multiplican. Venezuela ha lanzado el *petro* con respaldo en crudo, Irán el *paymon* que se respaldará en oro.

La iniciativa del respaldo en oro para las criptomonedas ha sido propuesto por cuatro países: Irán, Turquía, Malasia y Qatar, que se expresaron a favor de una moneda en común, el dinar oro, en la Conferencia Islámica de Malasia en diciembre del 2019.

La extrema sensibilidad del tema, que compromete el predominio del dólar, una de las bases más importantes del poder estadounidense, nos hace recordar el intento de Muamar el Gadafi para dejar el dólar como moneda única de venta del petróleo y proyectar un dinar de oro para las transacciones. Ese anuncio conmocionó al mundo petrolero y financiero, siendo seguramente el factor decisivo en su derrocamiento y muerte posterior.

Hoy asistimos a una proceso de pérdida de hegemonía del dólar, un retroceso rápido en términos históricos con el posicionamiento del yuan chino en su lugar y la reaparición del oro. Varios países han comenzado a comprar oro para sus reservas. Rusia, China, India han encabezado la lista de adquirentes, pero el cambio de moneda se extiende a otros países del mundo occidental como Alemania, que es el principal comprador de oro en estos tiempos en Europa.

En la actualidad existen, además, al menos 10 criptomonedas de primer orden que están dando paso a un proceso de acumulación de dinero en el ciberespacio que comienza a presionar al sistema financiero clásico dominado por el dólar.

En estos momentos estamos entrando en una segunda fase de concentración del dinero que anteriormente se encontraba exclusivamente en manos de los grandes bancos y abre espacios al papel de los *brokers* y permitiendo a los usuarios que mantengan su dinero en un formato digital prescindiendo del servicio bancario. Si bien es temprano para decir que se ha roto el control bancario del dinero, sí podemos establecer con certeza una tendencia que nos indica que las cuestiones ya no son como eran y que el control mediante el dólar empieza a resquebrajarse.

Volviendo al tema decisivo sobre la lucha de divisas para decidir sobre cuál será la que lidere la reserva y el intercambio mundial, China ha apostado muy fuerte al establecimiento del yuan como moneda de cambio y reserva, un dato no menor.

Un tema también importante a tener en cuenta es saber que el Reino Unido lejos de estar acabado es aún hoy un actor clave a nivel geopolítico, mucho más de lo que la mayoría de los analistas en Occidente perciben y que no es posible ignorarlo si queremos evaluar la realidad de los acontecimientos.

La presencia británica en los mercados de seguros y transporte sumado al poder de la libra esterlina a nivel global, le otorgan al Reino Unido un papel clave aún en el concierto mundial que utiliza en su propio beneficio, una situación diferente a China que está sentando las bases de su crecimiento basando su poderío en la red mercantil y productiva. Dos modelos muy diferentes.

Comprender el juego de poderes requiere el análisis de distintas cuestiones. Una es comprender que cada país tiene un función de acuerdo a su clasificación de grandes potencias como EEUU, el Reino Unido, Rusia o China, otras importantes pero de relieve medio como Japón, India o Brasil y países llaves para el control de una región en un escalón inferior como Turquía, México o Argentina.

China ha crecido en importancia, pero aún necesita desarrollarse en muchos aspectos para rivalizar con Reino Unido y su capacidad de maniobra en el mercado financiero, superior a la de China. Por eso, China no se enfrenta directamente a los británicos, a pesar de saber que detrás de los sucesos de Hong Kong está la larga mano del Reino Unido, el país asiático controla sus respuestas, utiliza fórmulas indirectas y no avanza frontalmente, aún no es el tiempo para China.

El país asiático tiene ya la fuerza suficiente para decir no, pero eso significa un costo que aún no tiene intenciones de afrontar y prefiere esperar porque el tiempo juega a su favor.

Hoy China se está enfocando en las las criptomonedas que están ganando espacios rápidamente y se está observando también el papel cada vez más importante de la inteligencia artificial sobre el sistema de encriptamiento.

China está trabajando en el desarrollo de programas de encriptación basados en tecnologías cuánticas porque dentro de poco tiempo estima que debe dejar el sistema digital y los *softwares* digitales de criptomonedas que hasta este momento existen.

Esta es una variante para los lanzadores de criptomonedas, poniendo en funcionamiento fenómenos que intervienen y seguramente pueden desarrollar posibilidades importantes.

¿Qué va a pasar entonces con el sistema financiero del mundo y la geopolítica moderna? Ante estos nuevos interrogantes el mundo está buscando soluciones a través de respuestas antiguas, por eso es importante considerar que los objetivos actuales dentro de poco se podrán cambiar.

CAPÍTULO VI

Geopolítica de la identidad

Hemos mencionado a la identidad de los pueblos como un factor clave y necesario para comprender el papel que tiene en la geopolítica. Para abordar este tema debemos comprender cómo han variado a través del tiempo entre el siglo pasado y el actual algunos conceptos relacionados.

Durante el siglo xx se han utilizado ideas nacionalistas, desde vertientes integradoras y moderadas hasta otras chauvinistas que desembocaron en guerras mundiales, también pudimos observar el surgimiento de conceptos de corte ideológicos como sucedió con la Unión Soviética y también la consolidación de modelos laicistas que había recibido bases conceptuales del siglo XVIII en nombre de una renovación, no de una construcción de la política.

Es importante también considerar un hecho adicional del que no se ha tomado debida nota en Occidente y es el de la Revolución Islámica en Irán, proceso en que se verifican con conceptos ideológicos que funden identidad y revolución.

No hemos visto luego ninguna otra revolución de profundidad ideológica, ya sea a través del socialismo o del marxismo, solo hemos apreciado desde entonces movimientos prefabricados desde las agencias de Inteligencia como fueron las Revoluciones de Color en Europa Oriental o las Primaveras Árabes en Medio Oriente, pero no han sido revoluciones reales.

Estos hechos carecen de originalidad, responden a otros tipos de intereses como es el juego geopolítico entre Rusia y EEUU, el más importante tal vez pero no el único. Eso es lo que sucedió en los temas de conocimiento público que van desde la "plaza de la libertad" en Egipto hasta los trágicos sucesos en Siria o Irak con las banderas negras del grupo terrorista del Estado Islámico. No podemos decir que son tipos de revoluciones, porque una revolución viene con una propuesta, una teoría y tiene un efecto que puede cambiar las relaciones internas de poder principalmente, algo que no se ha producido en estos casos.

Por eso podemos decir que la identidad y la revolución del siglo pasado llega al punto final con la religión islámica. Los sucesos posteriores, en sus diferentes versiones, son solo manifestaciones del nihilismo, del anarquismo, del hambre y la desesperación.

En el siglo XXI aparece un nuevo ciclo, con características que abrevan en el nacionalismo histórico basado en la raza, la lengua, la tradición y el territorio.

El pensamiento del nacionalismo se basa en una integración geopolítica de estos cuatro elementos básicos. Si están presentes estos elementos juntos podemos hablar de una expresión nacionalista; tomando el nacionalismo argentino, por ejemplo, nos referimos a su idioma, sus costumbres, su fe y su tierra.

Allí debemos buscar cómo está presente su religión, cómo se trata su historia en forma gloriosa, elementos que deben estar presentes para establecer los patrones de su cultura y de su política interna o externa, junto al papel que juega su tradición.

El tango es un elemento de cultura y tradición de la Argentina, un elemento único que se puede y debe utilizar con más decisión. Debemos entonces encontrar la identidad en los asuntos conceptuales políticos y de la geopolítica, es decir, identidad de un concepto superior, tanto en la geopolítica como en la identidad de una geopolítica moderna.

Un aspecto controversial que debe ser abordado al considerar la identidad es la cuestión de la migración, que puede afectar de sobremanera la estructura interna del país. Con solo ver lo que está sucediendo en el norte de África, en Libia, vemos cómo estos sucesos generan una ola de inmigración descontrolada desde África hacia el sur de Europa, algo que va a trazar cambios profundos sociales y políticos.

En Rusia también vemos las consecuencias sobre el crecimiento de la población musulmana, que durante décadas fue ocupando las zonas y los roles que habían ocupado los judíos orientales rusos, que son más laicos y que migraron hacia Tel Aviv.

Otro ejemplo fue el caso de Irán durante la invasión que realizó la Unión Soviética (URSS) en el siglo pasado a Afganistán. La consecuencia directa fue la migración de miles de afganos que ahora viven en Irán, especialmente en las provincias del centro y oeste. No son pocos, en este caso regional, Irán es el gran país que recibe inmigraciones desde el exterior.

Entonces, en base a estas consideraciones, construir una identidad es un desafío. En Argentina no había gente de Venezuela en cantidades relevantes, pero por los asuntos internos de Venezuela y los intereses externos, hay hoy una corriente numerosa de inmigración desde Venezuela hacia Argentina.

La corrientes migratorias como la mencionada, modifican las situaciones de otras naciones y afectan de una u otra manera la cuestión de la identidad.

El caso de EEUU es un ejemplo más conocido. Los endurecimientos de la política inmigratoria para frenar la inmigración latinoamericana principalmente desde México, no se basan solamente en temas económicos sino en la cuestión cultural en juego que determina un problema de identidad, un rol muy importante para tener una postura más firme en la geopolítica.

Canadá desde hace años arrastra conflictos de identidad con los problemas que aparecen entre la parte francesa del Québec y los sectores anglosajones, que pese a los años transcurridos no se integran y se mantienen divididos y en tensión.

Lo mismo sucede en Suiza con sus sectores italiano, francés y alemán, pudiendo ver un caso extremo en los Balcanes donde Yugoeslavia se fracturó en varias parte como Croacia, Bosnia, Serbia, etc.

La identidad en la geopolítica moderna no depende solamente de la geográfica. En el pasado había una relación directa entre geografía y geopolítica, pero ahora estamos viendo que existe una relación más estrecha entre la historia y la geopolítica, puede tener un origen en el hecho de que mucha gente no pertenece a esta tierra, sino que su patria de origen es otra y por ello su identidad muta.

El concepto armenio, judío o persa sobre la relación entre identidad y nación es muy diferente al concepto que tiene la China actual, donde su comunidad externa es relativamente escasa y conecta con su país por la historia, mientras que por la geografía llega a Hong Kong o Taiwán, pero por la conexión comercial que está desarrollando China ahora, la comunidad tiene otro significado generando un cambio.

Un país puede buscar un ingreso aceptable de inmigrantes y por ello desarrollar un mayor pluralismo, pero para tener un concepto de identidad geopolítica estable y seguro necesita otros tipos de factores. Si además quiere al mismo tiempo tener una identidad geopolítica fuera de su Patria, entonces tiene que desarrollar otros elementos de orden cultural.

El Imperio persa legó una comunidad que va desde la India hasta Kazajistán y desde el Cáucaso hasta sectores de varios países árabes. La identidad persa es esa, existe y se ha mantenido durante muchos siglos sin cambios, una identidad dada por tener sus costumbres, su comida, sus metas y hasta una lengua diferenciada por acentos o pronunciación pero con un tronco común.

Al mismo tiempo, la civilización persa ha recibido el alfabeto de la cultura árabe, entonces estamos hablando que el elemento fijo no se puede decir que es totalmente como lo fue en el pasado y ha variado.

En estas tierras podemos observar que el acento español de los argentinos es diferente del resto de la civilización hispana, a lo largo del tiempo ha cambiado. No podemos afirmar entonces que los acentos son una identidad, son apenas un componente.

Hay muchos hechos a tener en cuenta para determinar la identidad y su relación con las migraciones. Luego de Italia, la Argentina es el país que tiene más influencia del mundo de ese país mediterráneo.

Existe en un mismo tiempo una combinación de parámetros que se han integrado en la Argentina armoniosamente impidiendo que haya tenido un conflicto interno importante en su historia. Este es un resultado clave para su cultura; que esta cultura hegemónica argentina ahora sea su identidad, es otro asunto.

La religión en cada parte del mundo es diferente, en algunos casos hay países que tienen influencia de la religión en la política. Son un grupo de naciones entre las que se encuentra el caso de Irán, aunque es un error considerar por ello a Irán como un país religioso porque su administración es laica, algo similar a Turquía por el concepto islámico, pese a que existen otros factores de diferenciación.

Asimismo existen también países que tienen sistemas cuasi laicos pero que están buscando dotarlos de más cultura religiosa, como sucede con Indonesia o Malasia y también países que atesoran la religión como una parte de su cultura, una parte de una ideología confesional como las naciones del este de Asia.

Otro modelo es el de los países cristianos como Armenia, que fue el primer Estado cristiano del mundo con una versión de cristianismo gregoriano, donde su Iglesia tiene semejanzas con la Iglesia Ortodoxa, pero sin ser equivalentes.

Los armenios iraníes obedecen a la Iglesia Maronita del Líbano, los de Armenia pertenecen a la Iglesia con sede en la ciudad de Etchmiadzin. Existen muchos armenios dentro de estas vertientes religiosas cristianas gregorianas, donde también hay variedad de ramas distintas.

En el mundo sunita encontramos un modelo diferente, por ejemplo, los árabes sunitas que están en África tienen el concepto ideológico islámico, con una administración y geopolítica diferente a la de Arabia Saudí. Los países pequeños en el Golfo Pérsico aparecen con sistemas diferentes, Irak es totalmente distinto de los conceptos religiosos en el Estado o en la geopolítica que los del Líbano, por ejemplo.

Siria tampoco es un estado religioso, es un Estado laico gobernado por el de Partido Baaz, lo cual no impide que haya coincidencias que lleven a que un Estado Islámico como Irán defienda al Estado y al pueblo de Siria en temas como el terrorismo, el Estado sirio de Bashar Al Asad es un Estado laico donde el partido Baaz tiene un concepto más nacionalista sin el contenido religioso religioso de Irán.

No es posible seguir avanzando en la interpretación de los distintos modelos sin comprender qué papel juega la fe como factor geopolítico.

En Occidente se vive un proceso de secularización que se ha venido desarrollando en los últimos siglos, acelerándose a partir del siglo XVIII con el éxito de la Revolución Francesa, lo que significó una cambio tectónico cuyas raíces se establecieron con tal fuerza que hasta el día de hoy marca a fuego el pensamiento occidental en un proceso que deja de lado las cuestiones de la fe en la geopolítica, algo que señala como atrasado y condenado a desaparecer, por lo cual ignora sus efectos.

A fin de cuentas la disputa del mundo en el siglo XX era entre un Occidente formalmente cristiano pero que se volvía cada día mas ateo y el socialismo que se asumía como ateo. Dos fuerzas que dejaban de lado la fe y la religión, constituyéndose como el ejemplo un mundo que salía de lo que calificaban como pensamiento mágico.

Pero en 1979 se produjo un sacudón que conmovió al mundo y eso fue la Revolución Islámica en Irán. El ascenso al poder de una ideología que no era fanatismo o fundamentalismo, pero que llevaba a un nuevo tipo de geopolítica inesperado.

Una intensa campaña de desprestigio sobre el fanatismo religioso se apuntó entonces sobre la antigua Persia. Sin embargo, si consideramos el asunto con detenimiento, nos encontramos con que uno de los países de más estrecho vínculo con Irán es Armenia, un país cristiano, desmintiendo los preconceptos que se buscan instalar.

Irán tiene dos aspectos a destacar, sus políticos se identifican como parte del Imperio persa pero toman de su fe islámica la concepción de apoyar a los oprimidos, lo que ven como una tarea ineludible y que no consideran como parte de una ideología, ni siquiera de una necesidad geopolítica sino como una cuestión determinada por su Fe, algo diferente a la concepción clásica del marxismo leninismo, que no ha desarrollado ese concepto de *fe* mencionado.

El marxismo ha creado programas, planes, pero no ha podido crear la fe que guía los asuntos geopolíticos de Irán hoy.

Un modelo de fe en la que está trabajando Rusia, pero que aún no ha conseguido con pleno éxito. No es de extrañar entonces que sus intelectuales que se identifican como euroasianistas se esmeren en desarrollar un pensamiento con acento en la Fe.

Rusia busca apoyarse en la Iglesia Ortodoxa, una Iglesia que se hallaba dividida en tiempos soviéticos y con la que tenían un punto de encuentro neutral en Suiza.

Luego de la caída de la URSS, Rusia se vio invadida por amenazas de sectas, virtuales "cárteles" religiosos apoyados financieramente desde el exterior que los rusos han combatido exitosamente restringiendo la entrada de fondos desde Occidente y controlando la situación.

Rusia necesita urgentemente cambiar la política heredada para fortalecer su población debido a la necesidad de contar con una mayor cantidad de habitantes, dado el tamaño extenso de su territorio.

Un tema adicional para mencionar es que los sectores musulmanes están creciendo a un ritmo mayor que los cristianos, y por ello las autoridades cuidan un balance en la política interna colocando musulmanes en su estructura política para fortalecer su consenso interno.

La cuestión ideológica es un tema que no puede ser soslayado porque estamos en medio de un cambio intenso de los patrones ideológicos visibles durante la Guerra Fría merced al colapso de la cuestión dual capitalismo-socialismo.

Rusia tiene hoy un nuevo sistema de capitalista, ya no es el país socialista que fue aunque aún está en un proceso de búsqueda de identidad económica estable y fina, luchando contra una oligarquía que ha combatido, pero que aún persiste.

China ha aceptado un sistema de coexistencia entre el socialismo y el capitalismo en forma simultánea, diferente a Rusia que ha dejado el sistema del socialismo atrás.

El sistema de los países nórdicos lo podemos identificar como socialdemócrata, conceptos que estamos viendo con particularidades también en las industriales Corea del Sur y Alemania.

La sumatoria de estas diferentes concepciones genera una red en la geopolítica. El concepto de la democracia puede provenir desde un concepto industrial, desde un sistema bipartidista como vemos en EEUU o desde una democracia que recibe más influencia del capitalismo social como sucede en el norte de Europa.

Entonces, todo esto tiene un factor común que es que la democracia no es una identidad fija igual para todos en el futuro y que cada país debe recorrer un camino para encontrar su democracia.

Irán tiene una democracia revolucionaria diferente a países como Cuba, China o Corea del Norte, por sus sistemas internos, sus objetivos y sus principios diferentes.

Hay muchos países en un modelo de transición o influido por modelos previos, es un proceso en construcción donde no hay modelos ya definidos que en algunos casos, están en plena evolución.

Gran Bretaña en un momento aceptó un modelo de integración europeo, pero ahora se ha volcado por el Brexit, otro modelo diferente, por lo que depende su evolución de una decisión política y por los resultados que han obtenido a la fecha, consigue un apoyo para la salida del modelo paneuropeo.

Asimismo el modelo de monarquía constitucional que tiene España o Gran Bretaña son totalmente diferentes del modelo parlamentario de Francia o Alemania. Sus modelos tienen un rey, lo que determina que sea una democracia condicional. Japón también está comprendido en este conjunto y por ello es importante comprender que existen modelo múltiples y no solo lo que los medios hacen ver con su propaganda.

Las alianzas entre los países no necesariamente obedecen a las cuestiones religiosas o ideológicas, Irán considera a Armenia como un vecino histórico como con el que siempre ha tenido buenas relaciones en base a conceptos comunes. Irán no se alinea con Azerbaijan pese a que es un país mayoría chii, e impulsa a sus vecinos a establecer un diálogo para resolver el conflicto en Nagorno Karabaj.

Si vemos el rol de la religión desde una perspectiva pequeña encontraremos divisiones en la geopolítica de este origen religioso, pero si impedimos que el árbol nos tape el bosque podemos encontrar una elucidación más correcta del papel de la religión y civilización.

La violencia que se le atribuye a la religión no tiene relación con el factor religioso solamente porque vemos el mismo grado o aún mayor de violencia en personas que no tienen creencias religiosas. La violencia no responde exclusivamente a la religión y es parte del hombre.

Al igual que sucede con un nacionalista que puede amar su patria, lo que no es malo en sí mismo sino que puede ser concebido como un valor positivo, en algunos casos puede derivar en una versión que degenera hacia el racismo o la xenófobia. Estas desviaciones no descalifica al nacionalismo sino son solo fruto de una mala concepción del mismo. Con los extremismos religiosos sucede la misma cosa, deben ser contenidos para que no deriven en situación reprochables.

Si nos situamos dentro del marco de la geopolítica moderna, vemos que estamos en medio de un proceso de transición que necesita acercarse más a la verdad, donde las cuestiones de orden moral, en general, son mucho mayores que antes. En necesario distinguir en estas circunstancias a las cuestiones relativas a la geopolítica con respecto a las de tipo social, que se presentan en nuevos escenarios.

Podemos observar que en los últimos tiempos el concepto de la religión, que anteriormente era negativo porque se la veía como algo propio del siglo XV, ahora comienza a revalorizarse en muchos sectores.

Una de las cuestiones que comienzan a verse con cada vez más frecuencia son los fenómenos comprendidos por lo que en Occidente se llama ingeniería social. Esto fenómenos que son más propios de una arquitectura que de la ingeniería social, son comprendidos dentro de los hechos que contienen una dirección matemática con la llamada *big data*, que utiliza los aspectos de la psicología y de la política sobre la sociedad. Hay sin dudas una manipulación creciente que utiliza lo que podríamos llamar más acertadamente, en lugar de ingeniería, geometría o química social, un instrumento de la Guerra Híbrida a través de la utilización del empleo de un pensamiento físico y matemático.

La sociedad es un proceso social, tiene un camino a transitar, no es un fenómeno físico como podemos ver en la concepción de la ingeniería, responde más bien a una fenómeno químico, dada la similitud en las reacciones que se observan cuando se combinan elementos.

Utilizar el término ingeniería para una cuestión social es equivocada, el término más aproximado entonces podría ser definido como química social que define y manipula los procesos sociales a través de la dirección y control de los mismos, como manipulación, dirección y control de los procesos.

No es algo novedoso en sí mismo el concepto de química social, antiguamente esto formaba parte de la guerra psicológica, pero ahora se pretende utilizar como un instrumento independiente de cambio para obtener una capacidad de influencia en la organización geopolítica.

Cada vez se usa más, anteriormente se había empleado en la geopolítica tradicional como una referencia para controlar una situación o darle un impulso o dirección a un proceso político determinado, para incidir en él, pero ahora, en la geopolítica moderna, se utilizan estos como una variante en sí misma. Casi en forma permanente se puede decir que en la geopolítica moderna posiblemente se utiliza este tipo de elementos para la competencia de orden psicológico.

En el futuro, por estos asuntos que hoy observamos, se darán con mayor presencia en la guerra psicológica *online*, y eso tiene el potencial para variar enormemente la geopolítica moderna. Hemos ya visto su potencial para generar una rebelión rápida como se utilizó en Medio Oriente en los sucesos vividos en el 2019 en el Líbano.

Es importante notar que a diferencia de las Primaveras Árabes, estos hechos fueron una rebelión rápida utilizando los sistemas *online* de conexión en medio de una guerra psicológica.

Puede ser que en el futuro el rol de la inteligencia artificial en la guerra psicológica crezca, ayudando a una formación nueva y eficaz para vencer a otros competidores. Es un concepto interdisciplinario propio de la geopolítica moderna y es de gran importancia.

Estos fenómenos que mencionamos son fenómenos reales y concretos, visibles, pero a pesar de ello para muchos cientistas políticos esto es algo oculto, solo aparecen presentes en quienes están dirigiendo las estrategias mundiales.

En lo que respecta a la dirección hay dos o tres centros mundiales detrás de estos fenómenos que definen un modelo de intereses seguros, permanentes y firmes de la geopolítica moderna, no es el sistema de planificación del tipo de modelo que utilizan para vencer antes de la guerra.

En la competencia entre oficinas o cerebros mundiales, y cuando hablamos mencionamos a los cerebros detrás de las situaciones, nos referimos a los cerebros que están posicionados detrás de los intereses obrantes, estos centros buscan modelos sobre cómo vencer antes de una guerra pero también cómo pueden obtener un modelo dinámico que al mismo tiempo pueda defenderse ante los interrogantes de la geopolítica tradicional y simultáneamente percibir las posibilidades de competencia en la geopolítica moderna.

Entonces hay que ver cómo son estos tres modelos que están en funcionamiento. Este modelo, cuando estamos hablando del interés en la geopolítica moderna, está enfocado en intervenir en el sistema financiero, en el mercado, controlar las riquezas naturales, los materiales estratégicos y tener capacidad para intervenir y poder realizar cambios en el modelo de consumo, al igual que influyen en el diseño del nuevo sistema de redes bancarias o redes de intercambio. Todo esto tiene que ser evaluado para ver cómo trabajan en los fenómenos que crean dinero sin dinero o creando dinero por medio del dinero.

La geopolítica moderna busca generar lo que se define como el arte del pensamiento, un arte porque combina modelos de sistemas basados en algorítmicos o en la faseología cuántica.

Si utilizamos cierta cuota de imaginación podemos observar que el liderazgo en el 5G en los sistemas de comunicaciones e inteligencia artificial, al mismo tiempo dar credibilidad, estos elementos se suman.

China ahora está trabajando en tres características mientras que EEUU, en lo que respecta a la inteligencia artificial o al 5G, está en un nivel cercano. Sin embargo la credibilidad en la era de Trump ha disminuido y por eso China inteligentemente ha bajado el perfil de sus posiciones cuidando sus palabras para llevar a EEUU a zonas que le son favorables en la geopolítica moderna.

Todo eso no depende de la química social (ingeniería o arquitectura) de la opinión pública, de rebeliones rápidas prefabricadas o de aprovechar una guerra psicológica.

Simultáneamente existe el aprovechamiento de la confianza en la geopolítica moderna que tiene otro sabor, otro sentido y China está avanzando hacia ese camino. Por eso esconde sus palabras y sabe con quién está hablando cuando lo hace.

Ahora muchos países están buscando el desarrollo de fuerzas espaciales. EEUU ha declarado que establecerá fuerzas aeroespaciales, Rusia también lo ha hecho y otros muchos países han declarado las fuerzas cibernéticas para sus misiones. En la Argentina es un tema en que apenas se empieza a desarrollar el concepto de fuerzas estratégicas.

Cada país tiene sus capacidades y sus recursos humanos, porque es muy importante tener una continuidad de los recursos humanos. Normalmente la guerra psicológica que es una parte del *software*, de la geometría de la opinión pública como hacen las grandes superpotencias.

Eso es lo que hacen ahora los *think tanks*, los *think tanks* cerrados, no los abiertos que son los que se conocen a nivel académico o popular. Ellos, los *thinks tanks* cerrados, por temas de seguridad, seguramente tienen que tener un eje reservado para al mismo tiempo poder elegir, seleccionar, intercambiar y tener un concepto actualizado sobre la situación, porque el arte de defensa y ataque está en evolución constante. Entonces, necesitan tener posibilidad abierta de conexión con el exterior, pero en forma cerrada, como un instrumento de contención.

CAPÍTULO VII

Imperio, civilización, Modernidad y religión

Como hemos visto previamente, la concepción de *imperio* es diferente según las distintas culturas y civilizaciones, y si bien hay diferentes cuestiones a tener en cuenta e interpretaciones variables sobre su significado, hay otras determinantes sobre qué significa un imperio.

Podemos asegurar, por ejemplo, que Argentina no puede ser un imperio en la concepción oriental del término porque su patrimonio cultural proviene en gran medida del mundo hispano, su semilla crece a partir de la península ibérica.

Los que hoy se denominan pueblos originarios han tenido una relación buena la mayor parte del tiempo, algo que se refleja en la integración interior y en una unidad en la sociedad que no se obtiene en muchos otros países. Esa situación social a través de los programas establecidos legalmente han sido los responsables de esta integración en gran medida, algo que le permite a la Argentina tener un rol positivo con sus vecinos y conectarse internacionalmente, desarrollando una identidad propia, una argentinidad, muy diferente a la concepción imperial.

El caso de EEUU es el que más polémica engendra porque en ese país encontramos una situación que lo asocia al concepto de *imperio* equivocadamente porque su origen no es genuino, original, propio, sino que es una subcultura que proviene de Inglaterra.

Ese no es el único obstáculo, EEUU posee grandes extensiones de territorios que recibieron influencia española y francesa por el proceso colonial, a lo que debemos asociar la abundante inmigración de todas partes del mundo.

Por ello no están dadas las condiciones para que sea un imperio, ese concepto para los sectores orientales es independiente de su capacidad de dominio.

A diferencia de los estadounidenses, los británicos tienen sus propias características en temas militares, culturales, económicos y eso sí permite una originalidad necesaria para ser considerado un imperio.

El Reino Unido hoy, más allá de sus problemas, mantiene una muy importante influencia, una política firme de seguridad interna, una integración territorial, control sobre una buena parte de la actividad de la navegación internacional, una voz influyente en temas de seguridad internacionales y aún se mantiene como una potencia tecnológica.

Su rol único sigue existiendo, pero necesita apelar a las conexiones fluidas con el resto del mundo porque su centro como imperio está alejado. Es muy importante entonces, su prestigio y la red de antiguas colonias histórica colonias que forman la *Commonwealth*, la Mancomunidad de Naciones, antiguamente Mancomunidad Británica de Naciones.

Los países de la Unión Europea no tiene esa integración que sí tienen los británicos, no tienen una geopolítica integrada que comprenda ejes permanentes.

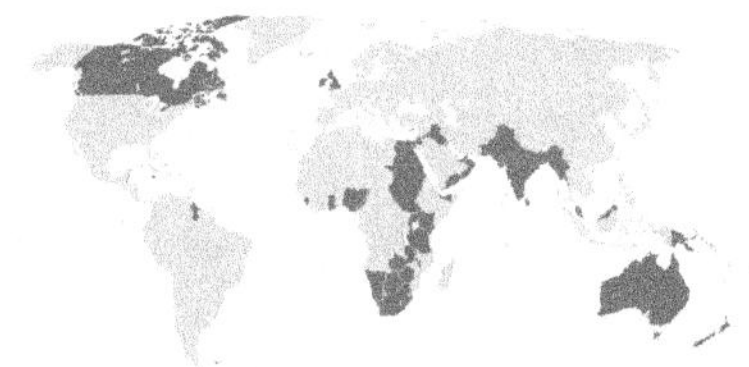

Fuente: Wikipedia

El mundo actual muestra que la capacidad de los jugadores es de diferentes niveles, de primera clase y de segunda. Los modelos geopolíticos entonces son distintos entre sí, el modelo estadounidense, inglés, francés, alemán, chino, ruso, de raíces asiáticas, del mundo islámico o del mundo oriental difieren entre sí.

Existen situaciones distintas que reflejan un modelo conceptual y civilizatorio particular, con particularidades propias que se reflejan en la geopolítica moderno, y se transforma en un modelo estático.

Por qué estático puede ser la pregunta, y la respuesta es que el modernismo ya ha invadido la vida personal, la vida familiar y está alcanzando su techo de desarrollo.

Estas son dos miradas diferentes, existen países con civilización antigua que están generando una geopolítica moderna y otros países que creen que el modernismo es en sí mismo la civilización y sobre ella hacen su geopolítica.

La necesidad de tener filosofía propia es importante, fundamental para desarrollar una geopolítica moderna. La filosofía política en Occidente obedece a la geopolítica moderna y responde a un concepto económico y político, no es filosofía política. La aparición de la Teología de la Liberación que impulsaron algunos teólogos como

Gustavo Gutiérrez o los jesuítas, tiene una cultura, un rol que es recibido desde los conceptos filosóficos de la religión.

Alemania está encabezando un intento de crear el camino de los países que quieren generar una concepción filosófica propia, pero es una tarea complicada porque el pensamiento es fruto de una civilización, no de la Modernidad. Alemania tiene históricamente un papel renovador en la filosofía política, no solamente de reconstrucción. Y su base es la eficiencia, luego de la II Guerra Mundial Alemania reconstruye su economía y se reunifica, ahora se centra en mantener el valor del euro.

A diferencia de lo que se conoce en el Occidente contemporáneo, en Medio Oriente la religión política tiene mucha influencia en la situación general y esto mismo sucede en el resto de Asia, donde el pensamiento místico tiene una presencia hegemónica. La diferencia con el pensamiento filosófico es que se busca encontralo en los partidos políticos o movimientos, mientras que en Medio Oriente la búsqueda es dentro de la religión. En América Latina la religión es fuerte, pero no existe esa búsqueda conceptual.

En muchas personas en Oriente Medio los conceptos islámicos no son distintos al concepto religioso político, porque el concepto islámico no es solo religioso formal sino un testimonio de vida.

CAPÍTULO VIII

Aspectos de la nueva geopolítica

La ciber geopolítica es un fenómeno generado naturalmente como consecuencia directa de la lucha o competencia híbrida, que muchas veces se denomina en Occidente "guerras híbridas", con una consecuencia dada por el multi digma de la tecnología que cada vez tiene un rol más importante, cada vez que estamos viendo un país que no tiene un satélite espacial de su propiedad, que no domina y maneja correctamente sus patrones nacionales, vemos un país que se transforma en subsidiario de otro sistema.

El espacio, la conexión geopolítica y la ciber geopolítica cada día están más estrechamente ligadas. Separar estos elementos es muy difícil, es prácticamente imposible establecer un modelo fijo sobre cómo incide en este mismo momento, pero tal vez dentro de cinco o diez años podrán verse sus influencias en los temas relativos a la geopolítica moderna.

El concepto de ciber geopolítica tiene muchos efectos visibles actualmente, cómo es el cambio en la gestión del poder, cómo eso se combina con la guerra psicológica, cómo se pueden cambiar generaciones enteras y especialmente el papel dentro del concepto poblacional de la geopolítica tradicional.

En estos momentos hay gente que no sabe que está cada vez más cerca de convertirse en un *zombie* virtual en áreas como las redes sociales y que son esclavos del pensamiento de otras amenazas que están acechando. Estas son apenas las manifestaciones más visibles, todavía no se han podido realizar fórmulas exactas para precisar una evaluación de la situación, solamente tenemos la sensación de que vivimos una enfermedad psicológica o una enfermedad digital, un problema que está presente en nuestra sociedad.

En la competencia de la ciber geopolítica todo forma parte de escenarios cambiantes, son instrumentos para crear una geopolítica que están en manos de superpotencias con una evolución más técnica, no en el sentido tecnológico sino en la utilización y planificación de estos elementos.

En el tablero del mercado del poder y la competencia geopolítica, este concepto se puede ver entre los grandes jugadores como EEUU, los países europeos, China o Rusia. Pueden sumarse otros jugadores importantes en el mundo como el Grupo de BRICS, o Irán, que tienen peso en la geopolítica moderna.

Estamos viendo que en el juego de la inteligencia cibernética en geopolítica moderna, cada actor tiene su escuela que depende habitualmente de la metodología del siglo pasado de la que no se han desprendido.

Hay una utilización de la idea del empleo de los Derechos Humanos en el juego geopolítico, y lo que está realizando es el uso también de conceptos como el de la Justicia Social como se empleó en el siglo pasado dentro del mundo capitalista por parte de otros competidores. Estamos presenciando también que las ideas que han tenido presencia en el siglo pasado todavía están presentes utilizando mecanismos nuevos en la geopolítica moderna.

Se puede decir que este imaginario sobre geopolítica moderna no obedece a una fórmula fija y estable y depende de la conexión histórica que han tenido.

La ciber geopolítica moderna no obedece solamente a la tecnología, a los algoritmos nuevos o una nueva fase en el conocimiento de la mecánica de los subatómicos, todavía existe una conexión con la psicología que los planificadores han usado en el cambio producido en la geopolítica moderna.

Esto debe ser entendido cabalmente y necesita ser dividido correctamente por lo cual, en este caso, no podemos prestar atención solamente al papel de geografía, la frecuencia de ondas en el espectro electromagnético o el ambiente del espacio, hay que vislumbrar las raíces de la historia sobre la que cada jugador está llevando a cabo su juego conceptual.

El monroísmo actual es un concepto propio de la geopolítica moderna sobre cómo debe cambiar y cómo va a reforzarse el nuevo monroísmo en asuntos de la geopolítica en América Latina, cómo puede ser la conexión de EEUU con la región que anteriormente tenía y se hacía sobre distintas bases.

Veamos un ejemplo práctico de esta política. En asuntos concernientes a la geopolítica espacial se necesitan más bases espaciales electrónicas, por ello vemos cómo China actuó con gran rapidez eligiendo a la Argentina como socio estratégico en temas relativos a la cibernética relacionada con la base aeroespacial establecida.

Allí se puede decir que el juego de los grandes actores es tener posiciones en América Latina. Esta clase de competencia interna en América Latina que estamos presenciando es diferente a la que vimos en los años pasados. No se puede decir que, por ejemplo, China tenga únicamente una sola política económica en su geopolítica, igualmente en el área tecnológica tiene varias políticas diferentes en la tecnología aeroespacial, tiene una política nueva por la necesidad de alojar en algunos países de Latinoamérica su tecnología.

El tipo de acciones en la geopolítica moderna que combina conceptos de la geopolítica marítima, aeroespacial o cibernética es diferente porque su opción no es única, es una combinación. Es aún materia de debate el entendimiento y aceptación del multilateralismo en el espacio y ciber geopolítica, aún no sabemos si será posible o necesario este acuerdo.

Todavía no hemos llegado a esta pregunta, hoy las respuestas son individuales.

Entonces, en esta característica de la ciber geopolítica moderna todavía estamos buscando establecer las posibilidades y las posiciones. No es como los temas de economía en la geopolítica moderna, que está más desarrollada, o en cuestiones de asuntos de relaciones tradicionales militares, donde existe una línea roja que habían establecido definiendo zonas de influencia. En los asuntos relativos a la de ciber geopolítica moderna existe una competencia prácticamente sin fronteras y esta es una característica específica que aún presenta problemas sin respuestas porque no se ha saldado la discusión, el resultado todavía no lo conocemos porque estamos en una situación de una evolución gracias a la competencia entre los actores.

Los asuntos de Defensa han tenido, y tienen, un rol muy serio y fundamental para cualquier nación que quiera ser soberana hoy.

La nueva generación en la capacidad de Defensa, tanto aérea como estratégica, está determinada por la geopolítica en primer lugar. Siempre el futuro de un país tiene que tener un concepto ordenado y alineado con su geopolítica para evitar disputas innecesarias con quienes pueden ser socios. Para ello se debe tener una sociedad con moral, eso es una capacidad que se debe conservar.

Si vemos el ejemplo de Persia, su integración como imperio no se debía a la fuerza sino a la habilidad de conjugar los distintos intereses y necesidades de los pueblos que habitaban su territorio, no por la conquista solamente, no por la fuerza.

La civilización persa que llegó hasta la India, a Pakistán, a Tayikistán, a los países del Cáucaso, hasta la Turquía actual, todos en una memoria histórica saben que el imperio de Ciro no era un imperio de dominación sino de integración. Por eso, los grandes monarcas como Cirio o Darío, han pasado a la Historia.

En Irán, jamás nadie se siente dueño de otro y por eso la relación humana que existe entre las personas y con los extranjeros, con los vecinos, no se puede basar en un concepto de dominación. Pese a que se señala a Irán como un país fundamentalista, la mejor relación que tiene y a pesar de que sus vecinos son un 95% son musulmanes, es con un país cristiano como Armenia, con quien tiene una amistad que los exime del régimen de visados, son dos pueblos en un solo Estado.

Esto es un concepto histórico, no podemos decir que son parte de un imperio, porque los armenios durante la historia han tenido su propio imperio. Desde las leyes de la Dinastía Sasánida (224-651) en el actual Irán, la influencia armenia en la administración del Imperio ha estado presente.

La relación con los árabes también ha sido buena a lo largo de la historia y si tomamos como ejemplo los 8 años de guerra con Irak donde nunca hubo odio entre los pueblos porque fue estrictamente un problema con el gobierno de Saddam Hussein, es cierto que había una lucha, pero el primer concepto a tener en cuenta es que no era una lucha entre hermanos.

Como hemos visto, la primera declaración de Derechos Humanos del mundo ha sido la del Imperio persa que en aquel tiempo regía sobre numerosos territorios que hoy son países independientes. Entonces, y volviendo a la Argentina, hay que aprender sobre lo que la historia nos enseña y desarrollar una geopolítica nueva y moderna para tener un nuevo discurso.

Irán ha construido hoy su propio discurso basado en la estrategia de resistencia, resistencia inteligente y por eso esa idea ahora tiene muchos seguidores. Pero este concepto de crear un nuevo discurso acorde a las necesidades no es solo válida para para Medio Oriente.

En América Latina y otras muchas regiones, la idea de resistencia es una idea muy seria e importante.

Durante el siglo XX la Unión Soviética tenía su propio discurso sobre la Justicia y en gran parte de los países occidentales era sobre la Libertad. Hoy, en este siglo, el discurso de EEUU es de dominación, un liderazgo de EEUU que Trump proclamaba con su agenda de *America First*, pero se trata de un planteo inaceptable a nivel mundial porque ya ha perdido su viabilidad.

La comprensión de la geopolítica mundial requiere procesar simultáneamente muchas informaciones, procesos y objetivos que hacen que sea complejo el análisis de la misma.

Por ejemplo, si se combina la política de Vietnam, un país que tiene un crecimiento sostenido y muy importante siendo el segundo a nivel mundial en las últimas tres décadas, con la India y al mismo tiempo se suma Corea, China, o Japón, encontramos una potencia inesperada que puede tener un discurso nuevo.

A esto debemos sumarle otros actores menos tenidos en cuenta pero importantes en Asia Central como Kazajistán, Azerbaiyán, o Turkmenistán, que al mismo tiempo que Irán, están generando un polo de desarrollo científico con un mensaje nuevo para la región.

La conclusión más evidente es que el poder mundial que se centraba en el Atlántico Norte está perdiendo capacidad y emerge uno nuevo en el Pacífico, un desplazamiento de un orden gigantesco porque estamos en medio de una etapa de transición de un viejo modelo a uno nuevo.

EEUU ha tomado nota de este cambio y por ello su interés real en defender a Europa, que décadas atrás era importante en un mundo bipolar ante el avance de la URSS, hoy deja lugar hacia un nuevo eje que se corresponden con una mudanza del poder hacia el este de Asia.

La situación en Medio Oriente está influenciada por estos acontecimientos, EEUU está poniendo a prueba su capacidad para controlar la situación geopolítica en esa región y a la vez su proyección hacia Asia.

Los intereses geopolíticos están contrapuestos, los conceptos chinos, rusos, israelíes o iraníes son diferentes en esa región. Irán dice no a la presencia de EEUU, mientras que en el otro extremo Israel dice que hay que tener una presencia permanente mientras Rusia tiene una posición negociadora inclinada hacia el retiro de EEUU y China tiene un interés en que EEUU no se quede en Medio Oriente, una región en la cual tiene intereses directos por sus necesidades energéticas y por su papel en la Ruta de la Seda (OBOR).

Por ejemplo, estamos viendo una situación particular en lo que respecta la cuestión energética que afecta al desempeño mundial de Rusia en el mundo. Es un asunto de orden global porque Rusia tiene la compañía Gasprom, que como administradora, gestiona al mismo tiempo grandes reservas almacenadas, pero que su *cash flow* para recibir en Siberia es caro, entonces debe conseguir que el precio del gas que posee alcance un punto en que el financiamiento para la extracción del gas tiene que ser provechoso desde la ecuación costo- beneficio.

Rusia ahora está observando que tiene una línea tradicional mientras aparece una línea nueva, una segunda línea que está trabajando con Turquía para acentuar su hegemonía energética sobre Europa. Por eso no quiere ningún competidor.

El punto de vista iraní es que tiene que orientarse hacia los países asiáticos y debe ser parte de las regalías, entonces Irán no debe acceder al Mediterráneo, como al mismo tiempo Turquía debe tener una postura final sobre los asuntos de las reservas de gas en el Mediterráneo, al igual que lo que está buscando el régimen sionista israelí, la postura de Grecia o la de Chipre.

Entonces, la teoría del juego político económico de Rusia, su modelo es diferente al modelo alemán que está buscando ser como un *hub* energético para gran parte de Europa. Al mismo tiempo, existe un modelo para gas del norte de África, lo que despierta interés y tensiones por situación de Libia o Argelia.

Hay que ver entonces cómo se vuelca la situación interna porque en este caso el puente energético hacia Europa e Italia y acceder por ese camino a las reservas que le permitan trabajar a su industria.

Esos son solo ejemplos que podemos mencionar, escenarios diferentes y que interactúan con el rol de Irán sobre su conexión estratégica con los países europeos en lo referente a la energía. Por eso siempre hay que dividir a los competidores, es un juego del mercado.

Ese es un método multisistema con conocimientos de planificación y anticipación ajedrecísticos, un sistema que presenta una metodología con la impronta rusa que estima las posibilidades de las redes en la geopolítica energética.

Esta metodología rusa es conocida como TRIZ, un acrónimo ruso para la Teoría para Resolver Problemas de Inventiva, la teoría de resolución de problemas y de invención, que se puede usar en los sistemas de comunicación. Ahora, por ejemplo, se está usando para los sistemas de celulares. En la geopolítica también los rusos están utilizando este pensamiento propio para corregir sus objetivos geopolíticos.

Mientras tanto los americanos todavía están pensando geopolíticamente bajo su dominación y liderazgo. Rusia quiere producir un liderazgo natural, permanente y más seguro porque su geopolítica es más tranquila y más sutil que la de EEUU.

Para una parte de EEUU esto no debe ser así, es con declaraciones que aceleran los conflictos, declaraciones más reveladoras, más abiertas.

Entonces ahora los modelos de análisis de geopolítica moderna entre los principales jugadores son diferentes y por eso hay que ver qué mirada están usando en la geopolítica moderna.

Hoy no se puede decir que la decir que la mirada atlántica sea la única.

La desintegración o integración europea influye muchísimo en el juego porque Europa no ha podido tener una geopolítica compartida entre la Europa joven y la Europa vieja.

En Alemania lo han hecho en Berlín, entre la Alemania del Oeste y la del Este. Alemania ganó con ello pero en otras partes de la Europa joven, como es en los Balcanes, la situación es muy diferente.

En estos momentos en Europa está imponiéndose una geopolítica germana en la República Checa, en Croacia, en Polonia, hasta en España estamos viendo que la geopolítica alemana triunfa. Dentro de Europa Alemania es cada vez más sistemática, en nombre de la Organización del Tratado del Atlántico Norte (OTAN) o en nombre de la Unión Europea, pero ahora tiene mucho más contenido.

Esta política es diferente a la política del modelo francés que tiene con Bélgica, con algunas partes de España, y que quiere tener una coordinación dentro de Europa, pero su enfoque principal es hacia África y Medio Oriente.

Por ello Francia tiene opciones geopolíticas diferentes que las alemanas, pero hay algunas coincidencia estratégicas internas. Hemos visto hace poco tiempo la postura de Macron sobre el futuro de OTAN y había allí había distintas posiciones entre alemanes y franceses.

Cada vez más la situación presenta fenómenos nuevos para arribar a un mundo más pacífico y equilibrado, pero para ellos hace falta que el modelo de análisis entre los jugadores principales sea el mismo que el empleado para poder definir una nueva organización que fije las reglas mundiales.

Estas reglas, como resultado de las políticas de Trump, se están quebrando y están generando confusión y desorden.

La filosofía de EEUU, la filosofía de UNESCO, del Consejo de Seguridad, de la propia OTAN, están mutando porque están quebrando las líneas rojas preexistente y desandando acuerdos no escritos entre los principales actores.

En la región de Latinoamérica hoy estamos viendo el rol de Brasil como determinante en la geopolítica interna de la región, al mismo tiempo que estamos observando la re-evaluación de la capacidad argentina o el rol de México como llave de poder en la geopolítica de América Latina.

Existen asimismo variedad de movimientos ideológicos: el modelo cubano hoy resiste con décadas de experiencia desde una geopolítica de izquierda convencional y se apoya en América Central y Caribe.

Entonces, si observamos el juego geopolítico desde afuera, la posición que podríamos tildar de innovadora de Obama era una región integrada y orientada a un acople con los mercados mundiales en manos de las transnacionales occidentales, todo bajo el manto del modelo financiero predominante. Este modelo fue parte de un ciclo que está dando paso a otros como es el que implementa Donald Trump, que se basa en una subordinación no ya a esos mercados globales sino hacia los EEUU.

La frase de campaña *American First*, "EEUU primero", es una forma de subordinación de América Latina como un instrumento geopolítico de su país.

En líneas generales este concepto de control geopolítico es diferente al que está usando Rusia después de la Guerra Fría en la etapa Post Soviética, que tienen como primer eje América Central y Eurasia. Los grandes jugadores están disputando influencias sobre paśies como Kazajistán, Ucrania o aún países del Cáucaso como Armenia o Azerbaiyán.

Allí existe una diferencia sobre los conceptos estratégicos de control geopolítico entre los países pequeños/medianos y Rusia, que es una jugador de primer orden mundial.

Rusia además de ser un poder regional, es un poder estratégico que está estableciendo una tercera fase estratégica que está impulsando Putin para obtener ventajas para su país a través de la geopolítica. Estamos viendo que ahora Rusia ha establecido un firme control de seguridad sobre su eje primario y está redoblando sus esfuerzos en Medio Oriente para recapturar el poder que ha tenido la URSS en el pasado, mientras extiende su largo brazo simultáneamente en dirección a África donde ha comenzado a aumentar su influencia con intervenciones inteligentes que le hacen perder espacios a EEUU.

La Rusia actual está exhibiendo una voluntad de conseguir socios en América Latina, especialmente los acercamientos más firmes son Cuba, Venezuela, Nicaragua en aspectos políticos mientras busca acuerdos de estabilidad estratégica con Brasil, China y México con base en lo económico.

Estos son ejemplos del balance geopolítico entendido con el concepto tradicional.

CAPÍTULO IX

Cambio climático

La geopolítica día a día tiene una relación más estrecha con la cuestión climática. Los cambios en el medio ambiente producto del clima afectan en primer lugar a la economía de los países y, en segundo lugar, a las migraciones.

Si bien hay factores entremezclados, podemos apreciar que el cambio climático en África no afecta tanto la inmigración como a la inseguridad. Los Golpes y las intervenciones de poderes externos, la situación que está pasando Somalía, en Etiopía, en Mali o en Burkina Faso, presentan orígenes diferentes y es una causa de expulsión mucho mayor de habitantes (que luego se constituyen en migraciones masivas) que el cambio climático.

En Egipto el rol del agua marca históricamente la relación con sus vecinos por el control del Nilo, Turquía ensaya una política de trueque por medio de sus empresas con Irak.

El efecto del cambio climático es diferente en cada zona del mundo. Por ejemplo, el resultado de la sequía prolongada afecta fuertemente las migraciones de las poblaciones como ha sucedido con Irán especialmente en el sur del país, en la zona de Sistán y Baluchistán, cerca de Pakistán, algo similar a lo que está en pleno proceso cerca de la frontera entre Afganistán e Irán.

Una sequía de muchos años afectó gravemente la situación, pero ahora que ha cambiado trasladándose este problema hacia otras regiones, la situación es difícil de revertir porque el ciclo de la vida continúa naturalmente y ya muchos migrantes no quieren regresar a sus lugares de origen debido a que se ha establecido y continuado su vida en otras tierras.

Esta situación se repite en muchos países, en EEUU se suma a otros problemas como la línea de actividad sísmica y los tornados, en países populosos como la India o Indonesia, la sociedad está siendo afectada su vida diaria. También son conocidas las enormes inundaciones en Yakarta.

Las razones y consecuencias del cambio climático encuentran varias hipótesis que las explican, podemos hablar sobre las razones del Acuerdo de París, del porqué EEUU ha salido del acuerdo y cómo esto afecta a la geopolítica o al liderazgo de EEUU, que quiere romper los acuerdos del pasado y buscar un orden de un Eje Estadounidense, ya no un Eje Atlántico.

Hay proyectos de científicos que intentan encontrar soluciones, como los que están trabajando en ver cómo pueden cambiar el eje de la Tierra para llegar a un clima más benévolo retrotrayendo la situación a un siglo atrás. Estos proyectos tienen muchas objeciones porque se aduce que el cambio propuesto por los científicos puede tener consecuencias impensadas, imprevisibles y con consecuencias que pueden sea más negativas.

También hay soluciones en estudio a través de procesos de tipo químico o industrial como la dispersión de partículas en la estratósfera para amortiguar el efecto de la radiación solar.

Es importante que intentemos separar el hecho concreto del cambio existente, real y las posibles causas que lo impulsan. Putin ha dicho a fines del 2019 que no está clara la relación del hombre con el cambio climático y eso es una hipótesis que cada día gana más adeptos.

Al ser todas hipótesis, y muchas de ellas engañosas, no se puede tener una variable inamovible con la que la geopolítica moderna pueda trabajar. Por el momento no hay resultados sólidos, podemos ver los daños producto del cambio climático, sobre esto podemos tener certeza, pero sin una conclusión cierta sobre las causas que la provocan y basándonos solamente en especulaciones, es imposible planificar acciones futuras que tengan un éxito garantizado.

También debemos contemplar la posibilidad del uso de armas climáticas, algo que es absolutamente probable porque el hombre a lo largo de la historia ha estado buscando y empleando instrumentos que intenten afectar a sus enemigos, especialmente se ha puesto mucho acento durante las épocas de guerra, pero hoy se han extendido e impactan en la economía en tiempos de paz.

Ahora estamos viendo que al mismo tiempo hay algunos ataques biológicos, en algunas oportunidades con instrumentos nuevos como los de frecuencias que cambian el comportamiento de los insectos y afectan a las cosechas y con ello los cultivos.

Históricamente la producción mundial de alimentos estuvo concentrada en EEUU y en América Latina, pero podemos ver que China cada vez está mejorando más su sistema de producción de alimentos, al igual que Rusia, Irán e India. En consecuencia la necesidad de alimentos a nivel mundial ahora es diferente.

El cambio de los requerimientos de los consumidores varía al igual que los productores, tanto en las producción natural como en otras, con combinaciones de alimentos, estamos en medio de un proceso de cambio acelerado que construye un mapa diferente.

75

Hay que determinar con mayor precisión cuál es el campo de la alimentación en que se quiere actuar porque la seguridad alimentaria también es una geopolítica importante a contemplar.

La alimentación mundial es un asunto serio, es un tema central y no debe subordinarse a los elementos relacionados con el cambio climático.

Si queremos decir qué parámetros son los que afectan a la geopolítica moderna, uno de ellos es el mercado de alimentación, otro es el cambio climático, la tecnología moderna, la inmigración y demografía, inteligencia artificial y la cibernética, son otros relevantes.

América Latina, para permanecer en el mercado mundial como un jugador importante debe, en primer término, definir rápidamente prioridades de inserción mundial. La política de mercado de Brasil y Argentina necesita un mayor diálogo entre las partes para establecer una estrategia común, ya sea en nombre del Mercosur o en nombre de los dos actores más importantes de la región, el nombre es secundario.

El modelo de consumo en el mundo, especialmente en lo referente al maíz, girasol o soja, puede ser como aceite o a granel, por ejemplo, y Argentina debe decidir cuál será su estrategia y trabajar en ese sentido lo más rápido posible para integrarse como productor.

Todavía Argentina no ha podido tener una política soberana al margen de las multinacionales y esto, según se estima, va a continuar. Es necesario que se establezca un plan a futuro que se debe generar desde la política pero teniendo en cuenta la geopolítica.

Aprovechar oportunidades es el camino teniendo una apertura y una flexibilidad de adaptación que le permita encontrar oportunidades impensadas.

Irán tiene un rol muy importante en Asia porque tiene una conexión con 300 millones de consumidores gracias a su historia e influencia, y es un país ubicado en una región productora de energía para el mundo entero como Medio Oriente.

América Latina todavía necesita energía y existe una correlación comprobada entre la evolución de los precios de los alimentos y de la energía a nivel global. Una opción que deberían analizar ambas regiones en una conexión natural porque son complementarias.

Irán tiene 15 vecinos en la zona, tiene energía abundante y áreas tecnológicas muy desarrolladas pudiendo convertirse en un socio estratégico para Brasil y Argentina si definen una política productora de alimentos estable.

La política global está cambiando y los modelos anteriores tendrán problemas para adaptarse si al mismo tiempo dependen de capitales que hasta hace poco estaban concentrados en algunos países occidentales y hoy comienzan también a depender de China, que tiene un política muy desarrollada en esta materia o Suiza que busca mantener y reforzar su política tradicional de tener capitales en el negocio de alimentos.

Lo concerniente a los alimentos tiene que ser dividido entre el rol de la política de los productores de alimentos dados por la geopolítica moderna y aceptar que al mismo tiempo hay que comprender el capital financiero y su papel en el negocio. Estos actores son los que están relacionados a los cambios en los mercados a futuro de los productores mundiales, es indispensable entender y adaptarse al cambio del mercado de alimentos en el futuro.

China, por ejemplo, ha sufrido una enorme merma de su *stock* porcino, eso produjo que comience a comprar aceleradamente en el exterior cerdo para reponer las pérdidas y garantizar su seguridad alimentaria en los temas de la carne.

El precio de la carne no subió inmediatamente pero sí lo hizo en forma sostenida y esta situación impactó en la producción de Brasil, que ha experimentado un incremento de precios acelerado.

El ascenso de la carne de cerdo se mantendrá por dos años que es el tiempo que China estima necesario para recomponer su *stock*.

Estos son algunos de los ejemplos sobre cómo se producen cambios en la producción de alimentos y cómo afecta a los productores mundiales. Por ello es necesario tener políticas paralelas y de múltiples paradigmas. Este concepto nuevo de multi digma es una parte central de la geopolítica moderna que interviene en las políticas alimentarias de los productos.

No pueden calcularse solamente en una combinación de solo dos factores como se hizo tradicionalmente y lo que se aproxima como método de análisis más preciso es el multi digma que utiliza varias corrientes.

CAPÍTULO X

Geopolítica marina

En las cuestiones marítimas, la tecnología también juega un rol importante como es con la política de renovación de las fuerzas navales que deben reemplazarse por una clase nueva. Por ejemplo, los submarinos de China son importantes tanto por su largo alcance como por su creciente potencia ofensiva.

Al mismo tiempo China está en una clara competencia y acercándose, a EEUU. Esta competencia creciente sucede con otras naciones también debido a los roles en la geopolítica marítima. Los roles de Francia, de EEUU, del Reino Unido, Inglaterra, China, India, hasta Japón, todavía están en una competencia abierta y no definidos.

Al mismo tiempo, otros países están intentando aumentar su influencia en el espacio marítimo como Irán sobre el Golfo Pérsico, estableciendo una frontera marítima en consecuencia. Las fronteras marítimas, demarcadas por el poder e influencia en la geopolítica marítima, están en una situación de transición.

La competencia todavía se ampliará porque cada año es más importante. Entre los principales puntos importantes encontramos el

Polo Norte, que ahora vemos en disputa en los juegos de poder entre Rusia y los países nórdicos, Canadá y EEUU, que están buscando además de las reservas estratégicas que existen en el mar, el control de nuevos corredores marítimos, lo que afecta y mucho a la geopolítica tradicional de Rusia.

Los rusos no quieren rendir sus posturas mientras que los países nórdicos como Dinamarca o Canadá, tienen un concepto más británico sobre estas cuestiones.

Los rusos históricamente tenían una mirada hacia el sur, hacia el Golfo Pérsico porque no poseían salida a mares cálidos, pero hoy por el cambio climático ya están trabajando para buscar nuevas salidas hacia el resto del mundo. Entonces, para la geopolítica moderna, tenemos que encontrar una fórmula para conocer cómo actúa e influye en cada zona estratégica el cambio climático, la tecnología, y el rol de los jugadores en la geopolítica moderna.

En el Polo Sur nos encontramos con el rol importante que Australia desempeña, lo mismo que Nueva Zelanda, países como Chile o Argentina y el problema de Malvinas, marcado por el concepto de dominación británica a diferencia del Polo Norte donde hay una competencia de naciones.

El rol de Reino Unido sobre los dos polos es de un unilateralismo real. En estos momentos se está produciendo un enfrentamiento en búsqueda de un multilateralismos en los dos polos, eso es lo que está sucediendo ante nuestros ojos y para lo cual debemos prepararnos porque se dará cada vez con mayor dureza.

Por ello es que se requiere tener una mayor precisión en la lectura de los elementos que estamos observando, necesitamos nuevas fórmulas para conocer cómo se van a dividir las zonas por la influencia en geopolítica moderna.

La geopolítica de los principales jugadores

El concepto de *poder* varía de acuerdo a los distintos países y los modelos de control son diferentes según las características de cada país y es fundamental para entender el diseño geopolítico resultante.

En Occidente la idea de *poder* tiene características diferentes a las de otras regiones y muchas veces es difícil comprender las distintas realidades por la tendencia natural a interpretar los asuntos bajo nuestra óptica.

Un caso particularmente desconocido en Occidente pero muy interesante de analizar es el de Irán, que diferencia su concepción del término "poder" de lo que conocemos en EEUU o en Europa buscando lo que ellos llaman capacidades o habilidades para desarrollar sus condiciones en distintas áreas y no para la dominación, algo que para los persas hoy adscritos al chiísmo está reñido con su fe porque la concepción del poder es que solamente pertenece a Dios la capacidad de crear poder, los hombres solo pueden tener la capacidad para controlar las amenazas y defenderse.

Por eso, en muchas oportunidades las respuestas geopolíticas iraníes no son comprendidas en Occidente, sus concepciones son diferentes y cuando éste mira a Irán lo hace con sus propios ojos, proyectando sus ideas y deduciendo sus probables respuestas. El resultado natural es que luego no comprenden las acciones iraníes porque tienen una base lógica distinta de pensamiento occidental.

Una de las diferencias importantes a destacar entre estas distintas filosofías, es lo que significa *imperio* para otras culturas, que es conceptualmente lo que significa este tipo de organización.

Esta diferencia de conceptos que vimos al principio de este trabajo necesita ser ampliada para su entendimiento correcto. Irán tiene un concepto particular, diferente a las ideas que conocemos en Occidente, donde tenemos la concepción de predominio, de control, explotación e imposición como centrales.

El pensamiento de Irán es un ejemplo de las diferencias sobre la interpretación de un imperio cuyas raíces se hunden en la historia y que han evolucionado con el transcurso del tiempo a partir de las distintas etapas vividas.

Persia, es bueno recordar, no es solamente el Irán actual, es una civilización antigua y mucho más extendida territorialmente de lo que comúnmente se tiene en cuenta, una demarcación que se presenta sobre una tradición de respeto a los Derechos Humanos anterior a la de Occidente, algo que es importante para entender sus pensamientos acerca de la tolerancia.

El Rey Ciro, conocido como el Grande (601-530 a.C.), creó la primera versión de los Derechos Humanos del mundo. La primera declaración fue realizada por el Imperio persa y contemplaba a las minorías, como las denominaríamos hoy. La liberación de los judíos luego de conquistar Babilonia, en el año 38 a.C. fue consecuencia de ello.

El Imperio persa se extendía sobre los territorios de unos 40 países actuales y dadas las capacidades tecnológicas de ese entonces era algo imposible de hacer solo mediante la dominación por la fuerza sino que debió apelar a otras razones como la inclusión dentro del esquema imperial a través de un intercambio natural, a los distintos pueblos contenidos.

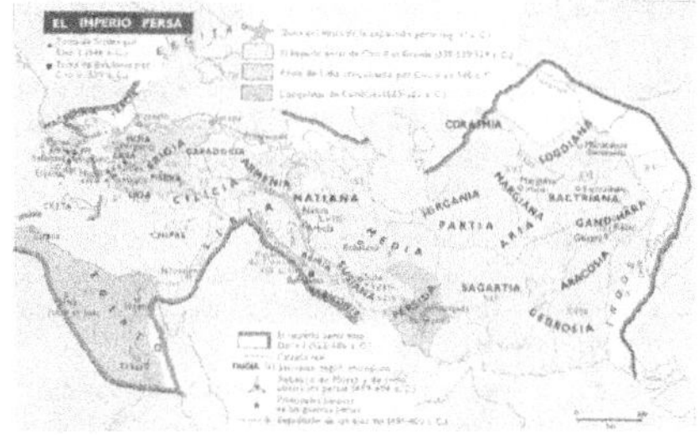

Fuente: https://www.turismodeiran.es/historia-de-iran/

La idea de tolerancia y complementariedad ha producido situaciones como que el imperio chino y el persa nunca hayan tenido una guerra, el imperio español y el persa jamás se han enfrentado tampoco, solo los portugueses han llegado a intervenir en el Golfo Pérsico, pero se terminaron yendo en un evento menor, el imperio ruso tampoco se ha enfrentado con el chino ni con el indio, así como tampoco se han producido guerras entre chinos e hindúes.

Solamente podemos encontrar enfrentamientos recién en los últimos siglos donde el Imperio británico controlaba la situación y llevaba a divisiones en otras regiones para poder controlar la región con mayor facilidad.

Estas situaciones demuestran que la matriz del pensamiento es distinta a lo que nos es más habitual como resultado de los siglos de dominio del Imperio británico con su mentalidad anglosajona.

83

Pero esto no significa que siempre los imperios hayan tenidos gobernantes justos. Los persas suelen citar a Ciro y a Darío como ejemplos de gobernantes justos, pero también han tenido gobernantes que terminaron en revueltas populares ante las injusticias que producían como tiranos, pero esto es algo distinto a la naturaleza conceptual de lo que estamos tratando.

El concepto de dominio aristotélico tiene bastante que ver y se lo diferencia del poder, donde el dominio es una forma de organización jerárquica necesaria, mientras que el poder es una forma rígida donde hay quien manda y obedece en forma despótica e inflexible.

Esta es la diferencia conceptual relativa al *imperio*, el cual debe ejercer su dominio pero no poder, si nos atenemos a las definiciones de Aristóteles proyectadas hacia algo sustancialmente mayor como es el imperio, un mismo concepto.

China, el actor central en el cambio de modelo hacia un multilateralismo, ha tenido varias mutaciones en sus estrategias durante el siglo pasado, después de sucedida la Revolución China.

Una mutación interna en primer lugar escindió su ideología del marxismo leninismo original. Esto dio impulsó a una versión china del marxismo que adoptó características propias bajo el control de Mao Zedong. El naciente maoísmo marcó una diferenciación como consecuencia de un proceso que subordinó el camino de la industrialización característico de la época soviética, a uno que ponía el acento en la agricultura, una situación más acorde a la realidad china de ese entonces, donde el proceso industrial estaba muy rezagado con respecto a los países mas desarrollados, inclusive Rusia.

Para apoyar ese nuevo modelo la geopolítica se enfocó hacia las cuestiones internas dejando de lado la cuestión internacional.

China en el siglo pasado no tenía interés en desarrollar una geopolítica sistemática, dejando de lado en consecuencia los puntos geoestratégicos mundiales especialmente en el sistema marítimo como son los del Canal de Panamá, el Estrecho de Gibraltar, el Cabo de Hornos, los Dardanelos o el Estrecho de Malaca.

La prioridad de la geopolítica china en aquellos tiempos era de una geopolítica selectiva para salir de una situación crítica interna, recién después de esos estadíos iniciales del proceso encabezado por Mao, los cambios que produjo el Partido Comunista Chino condujeron a la política del Gran Salto Adelante.

Luego de algunas demostraciones de fuerza y otras de carácter ideológico, con tensiones internas como consecuencia del esfuerzo que significaron esas políticas, China aceptó establecer una negociación con EEUU, lo que se conoció como la "diplomacia del Ping Pong".

Ese acuerdo le permitió a China concentrarse en el desarrollo interno y tuvo como consecuencia directa una variación en el desarrollo de la velocidad de su desarrollo en la geopolítica mundial.

Desde ese momento y ya con Deng Xiaoping en el poder, China creó una serie de reformas a su sistema económico desarrollando un sistema paralelo al socialista vigente hasta entonces, con políticas de corte capitalistas apoyadas en Shanghai.

Estas reformas tenían la finalidad de atraer inversiones desde los países capitalistas más desarrollados a través de ofrecer mejores condiciones de productividad que permitan mayor rentabilidad a los inversores.

Una vez testeado el nuevo sistema y conforme con los resultados obtenidos, el nuevo modelo se extendió gradualmente al resto de China. El proceso se consolidó durante las últimas décadas del siglo pasado y cumplió con la misión de llenar el vacío industrial que experimentaba el país, desarrolló una moneda fuerte y estableció las bases para los próximos 20 años de la política exterior que se llevaría a cabo.

Esta política sería pasiva y concentrada en los asuntos económicos. Como resultado de este proceso interno, China poco a poco fue entendiendo que era hora de crear una geopolítica moderna para su política exterior acorde a sus necesidades.

Estos cambios se tradujeron en una política con amplio consenso interno, que era necesaria para sobrevivir prioritariamente. China exhibía una cara hacia la comunidad internacional para convencer a las grandes potencias que era apenas una potencia de orden medio que intentaba desarrollarse sin ser una amenaza para el poder dominante.

China podría tener un rol geopolítico influyente como otros países, pero siempre por debajo de aquellos de una categoría diferente y que son extremadamente influyentes, los jugadores permanentes en la geopolítica mundial.

Algunos países tienen una posibilidad poco habitual de cambiar su presencia y su rol para ser más influyentes, muchos otros carecen de esa capacidad de cambio. En estos últimos no hay entonces determinaciones sobre la geopolítica tradicional, la prosperidad o el modelo que persiguen y que obedece a tres o cuatro factores fijos.

Cada país está buscando según su receta geopolítica. China, dada su evolución interna, el cambio conceptual que impuso el Partido Comunista Chino y los resultados exitosos que han tenido sus políticas internas de desarrollo, tuvo la posibilidad de generar una política china exterior que se ha ido fortaleciendo y obteniendo muy buenos resultados hasta el punto que hoy tiene la posibilidad de decirle no a los otros competidores en el ajedrez mundial.

¿Qué significado concreto tiene esto? Que la geopolítica moderna para china como así también para ese selecto grupo de jugadores de primera clase mundial, se basa en la construcción de un modelo competitivo.

Esa competencia está centrada especialmente con EEUU, pero también afecta los modelos geopolíticos de otros jugadores que están en desarrollo. Por ejemplo, si analizamos América Latina, vemos cómo se han reflejado esos cambios de la geopolítica china en el plano económico. El impacto que significa la presencia china en algunos terrenos desplazando a los EEUU resulta hoy indisimulable.

Si vemos con detenimiento la evolución en los últimos años de la economía exterior de la Argentina, nos encontramos con un cambio importante en los socios comerciales según reflejan las estadísticas disponibles y ese fenómeno se repite en toda América Latina.

China está construyendo un modelo geopolítico con un concepto centrado en la economía. Simultáneamente EEUU, que en el pasado inmediato ha tenido grandes logros económicos estableciendo un dominio creciente a través de su desarrollo productivo y comercial que se extendió a muchas partes del mundo en un proceso que se aceleró especialmente después de la Guerra Fría. Ese modelo exitoso en las últimas décadas empezó a encontrar escollos.

El modelo geopolítico de EEUU de crear un sistema hegemónico que se mantuviera estable fracasó y debió apelar a un modelo de corte militar para tratar de mantener su estatus de privilegio.

Esa es la explicación por la que es habitual ver las confrontaciones internas que observamos en los medios y las discrepancias sobre cómo resolver los problemas que se presentan en el poder.

Es cada vez más frecuente ver las disputas abiertas y públicas sobre cómo resolver la situación en el norte de Siria, por ejemplo, los enfrentamientos entre el Pentágono y Casa Blanca con distintas opiniones sobre cómo actuar en la salida de Afganistán. se exhiben públicamente. El cambio de la geopolítica económica que China fuerza a partir de su desarrollo desplazando a EEUU de cada vez más mercados, fuerza una salida de los americanos hacia la opción militar.

Vemos entonces cómo Trump quiere utilizar la geopolítica militar moderna de EEUU para obtener los beneficios que obtenía anteriormente con una geopolítica tradicional basada en los asuntos económicos, y eso explica la necesidad de vender la seguridad que hoy muestra.

La capacidad económica anterior le daba la posibilidad de priorizar la economía como factor de dominio, hoy ya no está en condiciones de ello y por eso EEUU no puede seguir ejerciendo esa opción y no puede ya mantener el costoso esquema de despliegue internacional.

Ha llegado entonces el momento de vender su potencia militar para sufragar sus costos, y eso se puede apreciar en la disputa con Alemania para que amplíe el dinero que aporta a la OTAN, las presiones a Arabia Saudí para aumentar las compras de armas o la imposición a Corea del Sur de un pago mucho mayor por el despliegue de tropas norteamericanas en la península, que a título ilustrativo, Trump quiere que los 800 millones de dólares anuales que pagaban los coreanos, hoy asciendan a 4.8 mil millones de dólares.

Lo que vemos entonces es un proceso inducido de decadencia estadounidense que intenta prolongar la supremacía apelando a la fuerza.

El papel de los lobbies de asuntos militares de EEUU que tanto se mencionan en los círculos políticos e intelectuales, es una parte importante de la geopolítica moderna en la política exterior de EEUU. Ahora hay una preponderancia de lobby militar que desplaza a la hegemonía que ejercía durante la administración de Obama, el lobby de los bancos o del comercio industrial, aunque éste último tenía un papel muy menor.

Esto no significa que en la administración de Obama no haya existido un lobby militar, porque no solo lo hubo sino que se tradujo en guerras incesantes, pero su papel central estaba relegado. Hoy por el cambio interno en la decisión de utilizar la fuerza militar como último recurso ante la decadencia objetiva de poder de EEUU, los negocios ligados al ámbito militar alcanzaron un rango de mayor importancia.

Para comprender entonces la deriva geopolítica de EEUU hay que eliminar la tentación de la calificación simplista del término "imperio" y ver lo que sucede por dentro de ese país, donde hay diferentes sectores de intereses en disputa y a partir de ello una política exterior cambiante según evoluciona la disputa interna.

EEUU no es un todo uniforme, como cualquier nación experimenta contradicciones internas que deben ser observadas.

Hoy en EEUU encontramos distintas clases de capital como es el comercial, industrial, de asuntos relacionados con lo militar y el capital financiero con dos ramas, el sistema bancario privado y el sistema de banca cooperativa.

Esto que definimos como cooperativo involucra a los fondos de seguridad social de EEUU, existen distintas clases de intereses y a veces unas clases se imponen a otras y por eso la política exterior de EEUU, por ejemplo, sobre deuda externa en el concepto tradicional, que era recibir dinero y pagar con interés durante un determinado marco de tiempo y que sufrieron varios países, ya no es así.

La deuda para las clase supra capitalistas es la diferencia entre la inversión interior y la inversión exterior. La diferencia de inversión interna está relacionada con la deuda externa estadounidense.

La deuda no significa así, entre las clases super capitalistas con los países capitalistas, una deuda como en los países menores, ahora el concepto de deuda es diferente. La deuda externa se explica a través de las inversiones en el exterior y está constituida por activos en terceros países, por ello es erróneo considerar la deuda externa de EEUU como se hace actualmente.

La deuda externa de EEUU resulta totalmente manejable dadas sus características y no es un motivo de preocupación para ese país.

EEUU sigue obteniendo recursos por sus inversiones, pero esto tiene un significado importante ante la pérdida de espacios que afecta internamente el país. Los americanos deben decidir si quieren una integración para tener un mundo menos conflictivo y más pacífico, de mayor cooperación con el resto del mundo.

Sin entender el concepto de la diplomacia en la geopolítica tradicional y moderna, ellos intentan fórmulas que fracasan pero no pueden tener un acuerdo mínimo que les permita readecuarse exitosamente.

La diplomacia de EEUU es diferente a la de los países europeos como consecuencia de lo señalado, los asuntos de intervención militar son parte de la diplomacia de EEUU, pero para los países europeos eso no es tan así, los europeos le dan importancia a la diplomacia más pura en su concepto, no centrada exclusivamente en el uso de la fuerza militar como hoy hace EEUU.

La máxima diplomacia en EEUU es de intervención directa, mientras que para los países europeos es preferible utilizar más el poder de integración interna con un discurso propio y utilizar todos los instrumentos económicos de presión disponible.

EEUU tiene una geopolítica que le da poca importancia a la negociación e impone la fuerza como mecanismo de resolución.

Durante las décadas anteriores se construyó una estructura internacional en las Naciones Unidas que utilizaba EEUU en beneficio propio y también le daba importancia a la negociación.

Hoy esto ha cambiado cuando vemos que EEUU firma un acuerdo político con Irán, el P5+1, que luego desconoce para más tarde proponer una foto con las autoridades del país asiático como hizo con Kim Jong Un, pero para Irán esas acciones carecen de sentido y se ha negado a prestarse a ese juego de propaganda vacía de contenido.

Japón, el actor que conmovía a Occidente en los años setenta está en un proceso de readecuación a los nuevos tiempos.

La geopolítica japonesa luego de la Segunda Guerra Mundial ha mutado y se ha adaptado a las nuevas condiciones internacionales. Japón hoy es un país que ha aceptado como centro de su geopolítica una estrategia cultural que guía su geopolítica moderna, lo que se refleja en que los centros culturales que trabajan fuera de Japón son un reflejo de su esfuerzo en este sentido y cuentan con un presupuesto cuatro veces mayor que el de la UNESCO. Japón ha puesto en marcha un desarrollo en nombre de una Tercera Ola.

Otro aspecto destacable es que ante la presión de China sobre los mercados de Asia Oriental, Japón necesita ampliar sus fronteras comerciales y por ello debe trabajar en una asociación con Irán, llave de entrada a la región indispensable para su desarrollo e India, un socio natural debido a que ese país tiene una importante rivalidad con China. Japón busca un ámbito donde puede cooperar en asuntos de seguridad, marítimos, comerciales, tecnológicos, etc.

Japón, si quiere seguir como una actor importante en el mercado económico mundial, necesita seguir este camino, no puede sumarse a la Ruta de la Seda (*One Belt, One Road*), lo cual se pudo apreciar porque no participó en las negociaciones ni se mostró entusiasmado con los resultados de la misma.

Esos son los motivos por los cuales se ha asociado a Irán en el proyecto del Puerto de Chabahal, haciendo que la distancia entre Asia y Europa sea más reducida y asegurando un tránsito más rápido de mercancías y con costos menores. Por ello, para India y para Japón, es muy importante esta posición.

Japón busca encontrar opciones para su producción y servicios accediendo a Asia Central y parte de Medio Oriente. Hoy Japón tiene dificultades para competir en Asia Oriental con China o con Corea, lo mismo que en Europa o Latinoamérica con EEUU y Francia, donde puede alcanzar cuotas de mercado, pero no imponerse, por ello es que está aumentando su influencia en el área cultural prioritariamente.

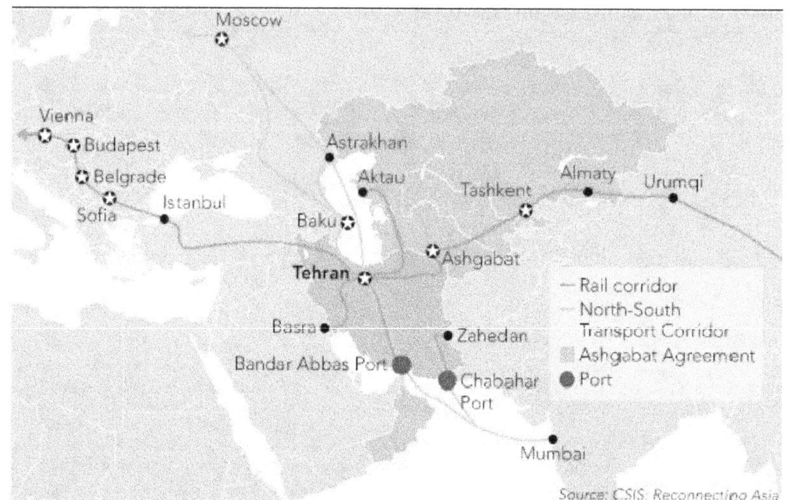

Fuente: https://spanish.almanar.com.lb/

Si bien su poder económico aún es envidiable, sus perspectivas a futuro son inciertas.

La situación con respecto al área militar es de una asociación entre Japón y EEUU como forma de contención de una Corea unificada.

Corea del Sur es un poder económico, Corea del Norte es rico en recursos naturales, especialmente minerales, población joven y capacitada que sería muy útil para potenciar el desarrollo económico. Si a eso le sumamos la capacidad militar traducida en armas estratégicas, la reunificación de las dos Coreas puede ser un problema para China o para Japón.

Por estas razones la reunificación coreana es vista como una amenaza nueva para todos y encontrará obstáculos para ser posible.

CAPÍTULO XII

Energía: la experiencia de Medio Oriente para Sudamérica

La política global de consumo de la energía, la política de las reservas de energía, la política de utilización y renovación de la matriz energética a lo que se suma conceptos más novedosos como el de la energía dinámica, son claves asimismo para diseñar una matriz energética provechosa. La energía dinámica da la posibilidad de maximizar la optimización del uso de la energía como son los sistema híbridos, uno de los factores que se estima que aumentarán su peso en la disminución del consumo y serán determinantes en el futuro.

Los nuevos cambios y matrices están produciendo acciones que presionarán a la baja a las energías fósiles a futuro y modificarán situaciones como lo que sucede, con EEUU que se presenta como un gran productor petrolero que no depende de Medio Oriente, pero que por las características del *fracking*, costoso y de rápido agotamiento, va a perder su capacidad competitiva y su posición de mercado. Por ello es que aún mantiene sus intereses petroleros históricos.

Otras naciones como Alemania o Japón también están modificando el mercado a partir del abandono de la energía nuclear, un cambio que se notará a partir del 2025. China es otro actor importante que no podemos soslayar.

La energía nuclear sobre la que tanto se ha hablado seguirá, es difícil pensar que desaparecerá porque es necesaria no solamente por la energía que provee, también es importante porque constituye una reserva estratégica.

Un ejemplo de lo que está sucediendo y que llama muchas veces a engaño, es que Suiza, en Zurich, está reconstruyendo los reactores nucleares viejos para entregar energía a Alemania, que está a pocos kilómetros. Alemania sigue utilizando la energía nuclear como fuente energética.

Francia es otro país que contempla el desarrollo de energía nuclear, como Rusia que se está especializando en el desarrollo de pequeños reactores nucleares móviles flotantes como los que ha ofrecido a la Argentina recientemente.

Por todo esto el precio del petróleo bajará en los próximos años, su base ya no es su uso como fuente de energía quemándolo sino en la industria petroquímica.

La energía en el futuro se inclinará cada vez más por el gas y eso lo vemos con el acercamiento entre Rusia y Turquía, que pese a las tensiones por otras cuestiones, se han acercado en materia energética.

El creciente rol de Irán que tiene una gran reserva de gas, es otro hecho a tener en cuenta. Su mirada se vuelca hacia Asia, hacia India, Pakistán, China. Hoy Irán busca ser un parámetro importante de equilibrio por el precio del gas de Rusia hacia Europa. Por eso la situación geopolítica entre Irán, Irak, Siria y el acceso al Mediterráneo es muy importante para Europa.

Las presiones de EEUU y las tensiones en Medio Oriente encuentran su explicación en el trazado de los gasoductos. Europa es la que debe definir quién la proveerá y a qué costo.

Existe una experiencia histórica que la región sudamericana puede aprovecharon como fue el auge petrolero de Medio Oriente, cuando el dinero proveniente del crudo comenzó a fluir en la economía interna y se perfiló en dos sentidos: en temas de desarrollo y en conflictos armados, lo que se obtenía en la venta de petróleo se gastaba en conflictos militares.

Algo similar sucedió en el Cáucaso también, entre Azerbaiyán y Armenia, donde las grandes corporaciones militares que viven de la guerra empujaron el conflicto como ahora comienzan a buscar un recambio con Arabia Saudita e Irán.

No es algo novedoso, durante la historia han existido ejemplos de este tipo, en cada lugar donde se descubrió cantidades importantes de petróleo durante el siglo XX, especialmente en la segunda mitad del siglo, el ingreso del petróleo se desvió hacia inversiones en armamentos.

En América Latina se suma la capacidad de producción alimentaria con el petróleo. La aparición de Vaca Muerta en la Argentina junto el litio entre Chile, Argentina y Bolivia, se reflejará en algún momento en la llegada de un importante caudal de divisas a estas economías y aumentará la posibilidad de un conflicto militar en la región en consecuencia, tema que se debe prever.

Por eso Argentina y otro países deben pensar cuidadosamente en dónde invertir ese flujo de dinero, que puede emplearse en pagar la deuda, en conflictos armados o en desarrollo.

Argentina tiene como valores la estabilidad, la unidad y el desarrollo. Estos tres elementos no son palabras lindas solamente, son cuestiones reales, necesarias y que contienen un significado muy profundo.

Entonces debemos analizar los riesgos de que estos valores se alteren. El punto más débil en la Argentina es el económico-financiero, que es crónico por sus inestabilidad, pero la unidad y la integración territorial no debe descuidarse.

Si prestamos atención a la forma en que se desarrolló el conflicto en Chile, la posibilidad de problemas en este área es real y concreta. Inmediatamente luego de las elecciones hubo una campaña mediática por la "Argentina del Centro". ¿Qué significa eso? Siguieron la ruta de los votos favorables al ex presidente Macri y pusieron en circulación un mapa que dividía el país en dos sectores.

Esas tierras son cinco provincias y coinciden con el reclamo mapuche en buena medida y contienen la región de mayor generación de alimentos y es vecina a los grandes campos petroleros.

Los dirigentes mapuches que reclaman estas tierras tiene una organización con sede en Bristol, Reino Unido. Los británicos tienen una amplísima experiencia en dividir naciones y generar guerras internas para hacerse del control de las riquezas o controlar puntos de interés. La situación merece suma atención.

Fuente: LaPolíticaOnline

La forma contemporánea de hacer la guerra en base a ataques híbridos utiliza distintas herramientas, la secesión territorial y los conflictos sociales internos son algunas de las más empleadas y que deben ser observadas con atención.

El otro tema importante es el de la deuda, los argentinos nacen endeudados y mueren endeudados desde hace varias generaciones y eso no es algo bueno, dejar al país en una posición eternamente vulnerable que condiciona las políticas.

Fuente: https://www.mapuche-nation.org/

Para solucionar este tema Argentina debe ser inteligente y abrir el juego a distintas opciones, tener poder de decisión significa tener opciones. No debe basarse solamente en el diálogo con el FMI, que más allá de las cuestiones conocidas como su visión económica, tiene acciones de corte político que son negativas para un proyecto a largo plazo.

Por ello es necesario tener un proyecto geopolítico propio que sopese los diferentes escenarios geopolíticos que se presentan a partir de una política exterior inteligente y que busca oportunidades y socios y amplíen el abanico de opciones.

Hay muchas situaciones que se pueden resolver mediante el diálogo con otros actores, buscando soluciones novedosas que no son de confrontación directa sino de distintas asociaciones en buenos términos.

El papel del petróleo en la economía industrial ya ha disminuido en importancia, no es como en el siglo pasado donde las producciones dependían del petróleo, el modelo de producción de petróleo ha cambiado, a lo que hay que sumarle nuevas mezclas con otros elementos que presionan a la baja la cantidad de petróleo que se utiliza como combustible, sistemas híbridos que suman al aporte de otras fuentes energéticas.

El petróleo encuentra entonces otros usos a través de la industria petroquímica, que otorga otras posibilidades pero la era del petróleo como combustible está terminada.

Si pensamos en la energía de fósil, que comprende no solo el petróleo sino el gas, vemos que aumentan los usos exponencialmente en petroquímica, como sucede con el nuevo sistema de gomas que se producen a partir del gas y reemplazan al caucho natural.

Hoy estamos ante una nueva fase de la ciencia, una mutación tecnológica centrada en avances sobre la química y la física que está cambiando la economía mundial. El concepto de desarrollo de la geoeconomía mundial es diferente al que conocimos basado en la energía del siglo pasado, ahora la producción cambia con las nuevas técnicas del uso de la energía, modificando entonces la energía como motor de la economía y eso divide las prioridades de las grandes potencias.

Con la disputa creciente por la concepción global que permite la tecnología actual y futura, el cambio climático que abre pasos y explotaciones comerciales, regiones pocos tenidas en cuenta comienzan a ser centrales. El Atlántico Sur, el paso de Drake, la Antártida son territorios en disputa y todo hace prever que la tensión irá en aumento entre los grandes jugadores. Allí entonces intervienen los nuevos tipos de guerra híbridas mencionados.

Estas son guerras de diferentes formas, indirectas, donde se combina la influencia sobre el ambiente virtual, la presión económica y el choque militar. Por ejemplo, la situación de Chile, que apareció aparentemente de la nada y escaló rápidamente es un fenómeno necesario de estudiar a fondo.

No se puede afirmar entonces que los sucesos de Chile responden a una causa determinada, no responde a un modelo que viene tensionado de la época de Allende o responde a una intervención de extranjeros solamente. Hay una rebelión en la república. Una república caracterizada y mostrada como ejemplo de estabilidad.

Debemos preguntarnos qué sucedió porque hay mas preguntas que respuestas si sabemos buscar, porque en el caso de Chile todavía no se puede decir que es un asunto geopolítico pero merece atención. Todavía no se puede saber qué es lo que está sucediendo, sabemos que comienza por el alza de una tarifa de transporte y luego se generalizó, por más condiciones previas que hubieran existido, la forma en que se desarrollan los incidentes hacen pensar en que hay otras razones más profundas que deben ser investigadas.

El fenómeno es nuevo en Chile, no se puede, por ejemplo, comparar con lo que pasó en Ecuador, que fue una rebelión contra el poder de tipo sistemática y tradicional más allá de los resultados.

Todavía no se puede ver de esta manera, parece obedecer a un fracaso interno y psicológico que tomó forma de una respuesta anárquica donde los individuos salen a protestar por distintos problemas sobrepasando las estructuras políticas naturales. Allí encontramos una diferencia apreciable. El gobierno ha ofrecido todo excepto la renuncia del Presidente y la solución no apareció, transformando el hecho en algo muy grave.

Para la región es importante que Chile encuentre la estabilidad, porque si se transformara en una situación de inestabilidad permanente afectaría la geopolítica del Cono Sur del continente con consecuencias catastróficas a largo plazo, involucrando a otros países.

Argentina necesita trabajar sobre esta hipótesis aún cuando por el momento es solo eso, una hipótesis, pero debe estar preparada para enfrentar una posible derivación no querida.

Para ello Argentina necesita más integración interna mientras revisa la situación de lo que está sucediendo en la región, donde comienzan a jugar fuerte un concepto de un conservadurismo geopolítico en América del Sur, un liberalismo nuevo con una geopolítica para el Sur de América Latina y existe también la posibilidad de la intervención de fuerzas que no pertenecen a la región. Cada una de estas variable genera un escenario diferente a considerar.

Podemos hablar lógicamente, con hechos corroborados aceptablemente, de sucesos aislados pero si combinamos todos los factores no encontramos aún una geopolítica clara.

El camino del diálogo interno en Chile y Venezuela es clave, así como también la Argentina lo necesita. Hasta ahora la clase política ha controlado la transición política bien, pero la situación económica en la Argentina en estos años ha empeorado y a diferencia de Chile, se refleja en un riesgo país que es extraordinariamente alto para un país que intenta ser parte de los mercados financieros.

Argentina debe definir una geopolítica, hacer evaluaciones sobre cómo estos escenarios pueden afectarla y elaborar las respuestas adecuadas.

La situación geopolítica argentina

Una de las amenazas más importantes sobre una nación es la agresión cultural porque la cultura es la base que amalgama la sociedad y le da identidad. Los ataques a la identidad cultural son difíciles de detectar, de percibir, e identificar, si el blanco del ataque es el Estado o es hacia una base más profunda social es una cuestión compleja de evaluar porque responde a diseños inteligentes pensado para producir esos efectos.

Hemos visto anteriormente que Irán tiene una estructura social y política apoyada en la cultura de la fe islámica, Rusia trabaja en lo mismo a través del cristianismo ortodoxo y ambos sufren el ataque de sectas sobre elementos que hacen a la dignidad expresada en la identidad del país.

En ambos casos, la intención final es la división, la destrucción social en base a enfrentar los distintos pueblos que componen la nación. Debido a las características de estos países, la situación es más difícil porque existen pueblos con distintas culturas que fueron integrados a una gran nación.

China, Rusia, Irán, India, muchos son los países que contienen numerosas etnias con sus culturas propias y generar conflictos a partir de las identidades es relativamente más simple que en una nación como la Argentina donde las distancias culturales son menores debido a que la mayoría amplísima profesa una misma religión, tiene un mismo idioma y sus costumbres son bastante similares.

Pese a ello, la Argentina puede estar expuesta a diferentes tipos de amenazas a su estructura cultural y social, no hay que ser un teórico de la conspiración para notar la existencia de desafíos y amenazas que deben ser afrontadas con más dignidad y originalidad.

Argentina durante la historia ha tenido dos factores principales sobre los que está construyendo su identidad: los indios y los españoles, a los que luego se sumaron oleadas de inmigrantes europeos primero y de la región después. Para unir todas estas culturas hace falta buscar puntos de encuentro bajo los cuales identificarse y sentirse parte, no imponer una en especial.

Argentina debe buscar una línea relativa, hacer estudios nuevos que escapen a un cierre geopolítico, aprovechando hechos aislados pero de relieve mundial como la personalidad del Papa Francisco, la fama de Messi o Maradona o el tango. Hay elementos que se pueden trabajar coordinadamente para tener más proyección entre los jóvenes.

Argentina tiene una base, el catolicismo intelectual, el Vaticano II, todo está en Argentina, las clases jesuitas que tiene puede emplearse para una mayor dignidad. Los argentinos pueden tener un rol nuevo más activo, no un rol pasivo como el que ahora tienen.

La receta para cada país es única porque depende de su historia, de su ambiente y de su vecindario, las amenazas culturales están muy bien diseñadas, son atractivas y penetran subrepticiamente. La receta en la Argentina para la resistencia a la amenaza cultural es diferente a la amenaza cultural en Medio Oriente, especialmente en como es la de Irán o la de Rusia.

Las experiencias de Irán no son totalmente útiles para Argentina porque sus condiciones son diferentes. Irán es un país geopolítico muy abierto, tiempo tiene conexión diferentes mares y océanos como consecuencia de su influencia persa: Mar Caspio, Golfo Pérsico, Océano Arábigo, Mar de Omán, Océano Índico, Mar Mediterráneo o Mar Negro y tiene once vecinos directos y no menos quince sumando los vecinos indirectos.

Las amenazas no son solo la separación de los pueblos, hay amenazas ecológicas, guerras ecológicas para destruir la esperanza en la clase media y de los jóvenes.

Las amenazas son de orden natural y otras son provocadas con fines de destrucción y división. Comienzan identificando los puntos más débiles del país bajo ataque y se actúa presionando sobre esos puntos.

Argentina por su geopolítica interna es un país largo y amplio con baja cantidad de habitantes debido a su extensión. Tiene mucho espacio disponible que no está utilizando concentrándose sobre algunas regiones más desarrolladas económicamente, debiendo en consecuencia desarrollar su población y equilibrarla para solucionar esa debilidad estratégica, por eso debe desarrollar como un arte el pensamiento geopolítico.

Rusia tiene un problema similar y Putin ha puesto en marcha un ambicioso plan de expansión demográfica alentando a los rusos a tener familias más numerosas, Irán sabe que debido a la inestabilidad regional debe estar siempre preparado. Distintas formas de establecer una geopolítica de acuerdo a los intereses propios.

Argentina debe manejar correctamente la integración en conjunto con su región pero como vemos es un gran desafío en el Sur de América Latina. Chile, por ejemplo no tuvo el comportamiento de un hermano en el conflicto de Malvinas y Brasil, como el hermano mayor que es, debe asumir y comprender los cambios que está sucediendo a nivel global apoyando la integración regional.

La disputa en su momento con Brasil para obtener un sitio permanente en el Consejo de Seguridad de la Organización de las Naciones

103

Unidas (ONU) fue una muestra de falta de unidad regional, al igual que el impedimento para que Argentina integre los BRICS. Estas situaciones deben ser resueltas lo más rápido posible para poder avanzar como región integrada.

Con respecto a la cuestión ideológica, la izquierda en la Argentina está muy dividida, en el pasado hubo decenas de partidos y frentes, ninguno con posibilidades reales de imponerse en las elecciones generales.

En líneas amplias el rol de los partidos políticos ha sido decepcionante, divididos en cada vez más organizaciones, son incapaces de formar un polo de unidad.

La construcción de un proceso de unidad debe entonces partir de la Iglesia Católica, de redes sociales y comunitarias, partidos y movimientos populares, a lo que se le debe sumar una mejor conexión con la sociedad para darle una dosis de patriotismo necesaria, esto tendrá un rol más importante que la prensa escrita. La prensa escrita ha perdido su rol para dirigir la opinión pública, pero aún mantienen influencia los medios audiovisuales diferentes y las redes sociales.

Los elementos que pueden intervenir en la Argentina en un diseño geopolítico nuevo pueden ser los sectores nacionalistas militares, pero su rol debe inteligente y por supuesto, darle contenido la clase intelectual. Argentina tiene un poderío importante en el desarrollo de recursos humanos con incidencia en otros países de América Latina. El rol de los universitarios, de los intelectuales tiene que ser sobre una base nueva hay que desarrollar modelos alternativos como en su momento fue el Plan Fénix.

Tenemos que comprender que el concepto clásico del nacionalismo en los siglos anteriores estaba concentrado en la raza, historia, lengua, fe y territorio. Cuando estos cinco elementos se juntan, el nacionalismo tiene su base.

Argentina tiene su tierra, tiene una fe establecida en una mayoría es católica, tiene lengua franca y que dominan muy bien todos los sectores independientemente de su origen y una historia en la hispanidad como factor común en toda la región, tal vez con la salvedad de Brasil con Portugal, pero igualmente las distancias son ínfimas.

América Latina, ahora bajo amenaza, no tiene que dividirse sino superar el fantasma de la división, viendo la amenaza como es realmente y no una imaginaria.

La amenaza cultural entonces se ve en marcha, el ataque a la fe, a la familia, al respeto a los mayores, esas cuestiones tienen que ser puestas bajo control desalentando esas situaciones que son funcionales a la degradación social, a través de una mejor gestión cultural y educativa. No es casual entonces que los puntos mencionados como bases para constituir una nación estén bajo presión.

Los modelos de análisis de la situación empleados en esta región son muy anticuados y no consiguen ser eficientes en su función y terminan siendo lo que son, una base para la toma de decisiones a nivel político nacional imperfecta.

Las características del territorio y países vecinos son los hechos que determinan sus intereses y políticas, y Argentina no es la excepción a la regla.

El territorio argentino tiene como características el de ser extenso y sus vecinos inmediatos como Bolivia, Chile, Uruguay, Paraguay y Brasil, requieren que el país determine cuáles son sus principios políticos.

En primer lugar no es conveniente establecer una política de competencia con Brasil, con quien no tiene que tener una competencia geopolítica y debe establecer una relación entre hermanos, por más que Brasil sea visto como el hermano mayor por sus características, esto permitiría optimizar las políticas y recursos y no desgastarse disipando estérilmente la energía geopolítica argentina.

Argentina debe en primer lugar desarrollar una energía barata a partir de cumplir con los algoritmos que marcan la producción energética, cosa que aún tiene pendiente, en una situación que debe contemplar a Bolivia aprovechando al triangulación energética con Chile, un país dependiente de la energía importada.

Necesita desarrollar con mayor velocidad los yacimientos de Vaca Muerta, ampliando las capacidades no descansando solo en el modelo propuesto por las multinacionales, debiendo desenvolver un modelo diferente para obtener financiamiento y desarrollo.

Para ello debe analizar las posibilidades de ser un país distribuidor de energía para los países de la región y obtener para sí energía barata, para lo cual debe cambiar el sistema actual por uno inteligente, teniendo en cuenta que es un país que recibe inmigración y no la exporta, de esa manera puede reforzar su rol geopolítico.

Para ello debe establecer reglas sobre la clase de inmigración que necesita, ahora lo utiliza como un sistema natural que absorbe los problemas políticos de los países de la región, desde Venezuela hasta Bolivia, siendo la solución para los desempleados de la región.

Ese sistema de inmigración tiene que ser reevaluado y readecuado para las necesidades y posibilidades de la nueva geopolítica.

En términos conceptuales no tiene que tener una competencia negativa, hay que tener una habilidad de integración en forma ordenada y buscar y utilizar la fama internacional argentina como una conexión internacional y no solamente para propaganda. Desde Maradona hasta Messi, el tango, el Papa Francisco, estos son activos de Argentina, capitales morales que deben ser usados para obtener un juego positivo.

Lamentablemente, Argentina no ha utilizado su máxima capacidad en estos temas, históricamente las autoridades no han visto el potencial intelectual que tienen en sus manos. Por eso, la conexión entre la potencia intelectual universitaria con el Estado es muy importante sobre los asuntos geopolíticos.

Hoy la conexión entre el Estado y los partidos políticos, es la más importante, pero necesita mejorar la conexión con los proyectos universitarios, necesita tener un concepto más nacional de intereses permanentes para evitar las divisiones que se ocasionan cuando solo esto se basa en los partidos políticos que terminan dividiendo a la sociedad de acuerdo con sus intereses particulares y evitando que la Argentina obtenga lo que necesita que es unidad, estabilidad y desarrollo en la geopolítica.

Estas cuestiones se reflejan en problemas como el que mencionamos en Vaca Muerta donde no solo el problema es que el dinero necesario para la actual propuesta de desarrollo no está, existe una relación problemática dentro del concepto de federalismo cuando analizamos el papel que tienen las autoridades locales con las autoridades centrales sobre los proyectos en ciernes, los megaproyectos del país están atomizados.

Hacen falta en el país nuevas reglas para que este tipo de proyectos dependan de un Gobierno Central, no de gobiernos locales, porque se necesita una capacidad mayor de negociación y evitar los problemas que paralizan las obras o impiden negociaciones en términos provechosos para el país..

Este tipo de proyectos siempre debe estar en manos de las autoridades nacionales, impidiendo que se compliquen las situaciones ante los intereses en conflicto y la disparidad de la capacidad de presión entre poderosas corporaciones internacionales y las autoridades provinciales.

Lo mismo sucede con los yacimientos del litio, los megaproyectos del país sobre este mineral, deben estar en las manos del gobierno central. Se deben evitar las mezquindades internas y tener en cuenta el interés nacional.

Por todo ello Argentina debe aprovechar las experiencias de otras regiones, modernizar sus estructuras de análisis, identificar correctamente las amenazas y elaborar un respuesta geopolítica propia, original, que le permita superar las dificultades.

Los tiempos actuales y por venir son difíciles y requieren un esfuerzo adicional e inteligencia para poder sortearlos exitosamente.

Conclusiones

Poner en papel las ideas de Koleini no ha sido una tarea simple, su pensamiento tiene una base filosófica y lógica distinta a la que estamos acostumbrados.

La forma final que ha tomado este texto es un intento de explicar esos pensamientos dentro de un marco comprensible, "occidentalizando" algunas expresiones para que puedan ser comprendidas, porque el pensamiento original persa no siempre tiene forma de expresarse y para comprenderlo es necesario además de conocer la historia persa y del Islam chií, sentirlo como propio, lo que indudablemente está fuera de las capacidades de quien no ha nacido y se ha criado en esas tierras.

Pese a estas dificultades he tratado de ser lo más fiel posible en transmitir sus ideas porque es absolutamente necesario salir del espiral informativo y de análisis occidental y comenzar a entender el pensamiento de otros pueblos que son los grandes actores de la actualidad y especialmente del futuro próximo.

Esto parece un hecho que es demasiado obvio para necesitar aclaraciones, sin embargo, cuando vemos la situaciones generadas por las naciones occidentales en sus acciones en regiones distantes en el mundo, vemos los resultados desastrosos que se producen por no conocer la idiosincrasia del lugar.

La visión que tiene un iraní como el señor Koleini, que se basa en una larga trayectoria diplomática con altas responsabilidades en temas de sensibilidad y seguridad mundial, es fundamental para aventurarnos en un mundo que conocemos poco, y lo que conocemos suele tener situaciones estereotipadas y conclusiones apresuradas.

Este libro pretende permitir, con la excusa de la variación del concepto clásico de la geopolítica ceñido a lo territorial hacia una nueva visión de la misma enriquecida por los cambios tecnológicos y culturales que han hecho variar las bases de la misma, conocer los aspectos fundamentales de los principales actores mundiales, sus objetivos y sus medios. En definitiva, su geopolítica.

El mundo se acerca a pasos acelerados hacia una nueva configuración de la arquitectura de poder, la primacía anglosajona de las últimas centurias da paso al renacer de civilizaciones antiguas como la china, la rusa y la persa.

Escapar a la lógica que tiñó cinco siglos de historia mundial no es tarea simple, el sentido común que tenemos está empapado en esa visión de los acontecimientos, pero necesitamos aquellos que estamos en los bordes del mundo entender qué está sucediendo para darnos cuenta de que los grandes cambios también significan que las regiones alejadas de los centros de poder como la nuestra adquieren una importancia impensada hasta hace poco.

Un proverbio persa nos dice "la paciencia es un árbol de raíz amarga, pero de frutos muy dulces", repensar la realidad abriendo la mente a culturas y civilizaciones tan alejadas requiere paciencia, pero los frutos harán provechosa tanta paciencia.

www.ingramcontent.com/pod-product-compliance
Lightning Source LLC
Chambersburg PA
CBHW050545160726

48003CB00002B/766